サッカー・ルールの発見

〜ルールに隠された秘密を探る歴史と発見の旅〜

福田 純

DISCOVERY
HISTORY
THE SOCCER
RULE

悠光堂

序章 サッカーライン（線）に隠された物語の発見 7

　　(1) サッカー・ルールがわかるようになりたい
　　(2) 二つの「サッカーライン（線）」
　　―「歴史的なライン」と「抽象化されたライン」―
　　(3) ラインの歴史に隠された「サッカー・ルールの歴史記憶」

第一章 「わく」ルールの発見 11

【1】「わく」の発見
―「わく」が誕生すると、ルールが飛躍的に複雑化する―
　　(1) サッカー・ゲームの始まり
　コラム1　現代に残る、「わくなし」お祭りサッカー
―シュローヴタイド・フットボール―
　　(2) ボールが「わく」から出てしまったときの、はじめのルール
　コラム2　周りの線は、額縁（がくぶち）
　　(3) 使いこなせば、未来が見える
―ルールを使いこなす作戦が、ルールを発展させる―
　コラム3　「はじめのルール」と「進化したルール」の比較アンケート
―ルールが理解できると意見がよく出る。理解できないと沈黙し、ゲームで動けなくなる―
　　(4) 使いこなせば、ルールが見える
―もう一つのルール使いこなし作戦―
　　(5) 「ボールが『わく』から出たときの投げ入れ方」の試行錯誤を含んだ歴史

【2】「ゴールライン」の発見
　　(1) 「サッカーゴールの近く」とは、どこまでか？
―サッカーゴール近くの線からボールが出たときは、特別なルールが必要になる―
　　(2) 「ボールがゴールラインから出たときの、ボールの入れ方」の試行錯誤を含んだ歴史
―「コーナーキック」ルールも大発見だった―
　コラム4　「使いこなし」は、「試行錯誤の歴史」を飛び越えて、ルールを進化、洗練させる

【3】「使いこなし」から生まれた「わく」の発見物語
―ライン（線）を理解する順番（認識過程）―

【4】「わく」ルールに関係する、使いこなせるようになったライン

第二章 「サッカーゴール」ルールの発見 35

【1】「サッカーゴール」の発見
　　(1) サッカーゴールが、難しい
　　(2) いろいろなサッカーゴールとその得点方法
　　(3) 「得点になるときを正しく理解しているか」アンケートで調べる
　コラム5　ゴールラインをボールが越えたか、今でも議論になる判定
―ワールドカップ・イングランド大会（1966年）決勝のイングランド対西ドイツ戦―

【2】「ボールを投げ入れたらゲーム開始」ルールの発見
―最初の「ゲーム開始」ルール―
　　(1) 「壁（かべ）・柵（さく）ゴール」の発見
―「歴史の記憶」を呼び覚ますルール―
　　(2) 「ハーフタイム・ルール」の発見
―ハーフタイム・ルールは、なぜ必要か―
　　(3) 「ハーフタイム・ルール」が発見されるまでの、試行錯誤の歴史
―ハーフタイム・ルールも大発見だった―

【3】「ボールをつけたらゲーム開始」ルールの発見

―得点すると、どうしてゲームを中断するのか？―
 （1）「ゲームの再開とゲームの開始」ルールの発見
 （2）「○（センターサークル）」の発見
 ―ゲーム開始に伴う攻防の激化―

【4】「ボールを蹴ったらゲーム開始」ルールの発見

―ゲーム開始を落ち着いて行いたい―
 （1）「ボールをつけたら」から、「ボールを蹴ったら」への「使いこなし」
 （2）ボールがどれだけ動いたら再開になるのか
 ―ゲームを始めるとき、なぜチョコンとだけボールを転がすの？―
 コラム6　「パス」も大発見だった

【5】「現代サッカーゴール（ゴールネットつきゴール）」の発見

―現代のサッカーゴールをどう使いこなすか―
 （1）校庭等に備え付けられた本格サッカーゴールのわかりやすい使い方
 ―ゴールネット（あみ）にボールを当てたら得点―
 （2）練習形式の中に残る「つけたら得点」ルール
 ―ボールを地面につけたら得点―
 コラム7　ウィール・クーバー（オランダ）と「攻撃サッカー」

【6】「使いこなし」から生まれたサッカーゴールの発見物語

―サッカーゴールを理解する順番（認識過程）―

【7】「サッカーゴール」ルールに関係する、使いこなせるようになったライン

第三章「ゴールキーパー」ルールの発見 ………… 61

【1】「ゴールキーパー」の発見

―ゴールキーパーは、いつ誕生したのか―
 （1）浮き上がったボールが怖い！
 （2）「浮き上がったボールは、手ではたき落としてよい」
 ―歴史の記憶を呼び覚ますルール―
 （3）ゴールキーパーは、誰だ！
 ―ゴールキーパー誕生のひみつ―
 （4）キーパーが誕生するまでの、試行錯誤を含んだ歴史

【2】ゴールキーパーの隠れていた役割の発見

―誰もやりたがらないゴールキーパーが、スーパースターへ変身―
 コラム8　ドリブルで攻め上がった、自由奔放なゴールキーパー
 ―レネ・イギータ（コロンビア）―

【3】「ハーフウェーライン（真ん中の線）」の発見

―キーパーが手を使うと、活躍しすぎる―

【4】「ゴールエリア」の発見

―ゴールキーパーを守れ！―
 （1）スーパースター、ゴールキーパーの矛盾
 （2）ゴールエリアの発見

【5】「ゴールキーパーの手が使える範囲」の発見

―昔、ゴールキーパーはピッチ全体を自由に動き回っていた―
 （1）ゴールキーパーは、広い範囲で手が使えた
 （2）ゴールキーパーの手が使える範囲を広くすると、ゲームの世界が広がる
 （3）手でボールを扱っても、ゲームの楽しさは損な

われない！

【6】「使いこなし」から生まれたゴールキーパーの発見物語
―ゴールキーパーを理解する順番（認識過程）―

【7】「ゴールキーパー」ルールに関係する、使いこなせるようになった、ライン

第四章 「反則」ルールの発見 ……………… 81

【1】「反則」の発生と「反則ルール」の発見
　（1）生まれも育ちも全く異なる、ゴール前の二つの□
　（2）「反則」の発生と「フリーキック」ルールの発見
　―昔、おとなたちは反則をしないゲームを行っていた―
　コラム9「審判」の試行錯誤を含んだ歴史

【2】「ペナルティーキック」ルールの発見
―サッカーゴール付近の「反則」には、特別なルールが必要―
　（1）「PK（ペナルティーキック）」誕生物語
　―昔のおとなたちの「使いこなし」もさすがだった―
　（2）「ペナルティーエリア」「ペナルティーキックマーク」は大発見だった
　コラム10 ヨハン・クライフの独創的なペナルティーキック
　―ルールを使いこなした、誰も考えつかなかったプレー―

【3】「直接フリーキック」ルールの発見
　（1）乱暴な「反則」プレーをなくし、スピーディーなサッカーへ

　コラム11「零の発見」と「ヘディング技術の発見」
　（2）「ペナルティーキック」ルールにおける激しい争いの痕跡
　―「ペナルティーアーク」の発見（1937年）

【4】「反則」ルールの歴史的な認識過程

【5】「反則」ルールに関係する、使いこなせるようになったライン

第五章 「オフサイド」ルールの発見 ……………… 101

【1】「オフサイド・ルール」の発見
―オフサイド・ルールは、ゲームの楽しさを減らさないようにするルール―

【2】「オープンスペース」の発見
―オフサイド・ルールは、オープンスペースをつくり出した―
　（1）「二人制オフサイド・ルール」では、必然的にオープンスペースがつくられる
　―「オープンスペース」は、現代サッカーの攻守のかなめ―
　（2）「パスを受けたときでなく、パスが蹴られたときに『オフサイド』か否かが判断される」ルール
　―「オープンスペース」が生き生きとはたらき出す大発見―
　（3）ラインズマン（副審）の仕事は、オフサイド・ルールを使いこなすことより難しい
　コラム12「二人制オフサイド・ルール」と「オープンスペース」

【3】「オフサイド」の位置にいても「いのこり・待ち伏せ」にならない場合がある
―「オフサイド」ルールが難しくなる一因―

【4】「オフサイド・ルールが理解しにくい理由」の発見

（1）「オフサイド・ルール」の試行錯誤を含んだ歴史
―これまでのルールと違う、複雑なルールから単純なルールへの流れ―

（2）「オフサイド・ルール」の認識過程
―オフサイド・ルールの歴史が追体験できない！―

【5】「オフサイド・ルール」に関係する、使いこなせるようになったライン

第六章「ゲーム人数」ルールの発見 123

【1】「ゲーム人数ルール」の発見
―ゲームの人数は、多くするか少なくするか―

（1）チームの人数が少ない方が、たくさんボールにさわれて楽しいか？

コラム13 現代に生きる「ダンゴ守り」の強力パワー
―メッシ（アルゼンチン代表、FCバルセロナ）を止めろ―

（2）サッカーの楽しさは、多人数のゲームの中にある
―歴史記憶を呼び覚ますルール―

コラム14 「ダンゴ」ゲームと「広く散らばった」ゲームの関係
―「ダンゴ」から戦法が分化、発展していく契機は何か？―

【2】「ゲーム人数」ルールに関係する、使いこなせるようになったライン

終章「サッカー・ルールを発見する旅」まとめ 133

【1】サッカー・ルールの歴史記憶

（1）サッカーラインの物語
（2）サッカー・ルールの「反復説」

【2】古生物学「進化の記憶」とサッカー・ルール「歴史の記憶」

（1）生物進化の物語
―「ヒトの胎児」に刻まれた進化の記憶―

（2）ヒト進化の物語
―ヒトの脳の発達に刻まれた人類進化の記憶―

（3）「進化の記憶」と「歴史の記憶」

（4）サッカー・ルールの「使いこなし」は、誰でも学べるサッカー文化

コラム15 ルールは、みんなを元気にする
―昔のルールを使いこなして、ゲームを楽しもう―

【3】「サッカー・ルールの発見」こぼれ話

参考文献

序章
サッカーライン(線)に隠された物語の発見

(1)サッカー・ルールがわかるようになりたい

　サッカーは、「ザ・シンプレースト・ゲーム」単純でやさしいルールといわれています。
　しかしサッカーやスポーツなどになじみの少ない人たちには、やはり難しいようです。
　また公式ルールブックは細かい規則がたくさん並んでいて、ルールを何とか覚えようとしても退屈してしまいます。ルールを、わかりやすく理解するためにはどうしたらよいのでしょうか。
　昔、英単語を暗記するための『試験に出る英単語』（通称「豆単」）がベストセラーになりました。しかし、「豆単」のように羅列された英単語を暗記するより、文章の中に出てきた単語の方が印象に残り、理解や暗記がしやすかったように記憶しています。
　サッカー・ルールも同様に、「ルールの歴史物語」として一つ一つのルールを理解すると、興味深くしっかりと覚えられるのではないかと考えました。また、ルールを歴史的に理解するとゲーム観戦が一段とおもしろくなると思います。
　本格的なスポーツとはあまり縁がなく、野球の三角ベースとメンコ、ビー玉ぐらいしか知らなかった中学生が、はじめてサッカーの試合を見たのは東京オリンピック（1964年）でした。幸運にもそれは、日本が優勝候補のアルゼンチンに3対2で勝利した試合だったのです。この試合よりさらに昔の1936年、ベルリンオリンピックでスウェーデンに3対2で勝利し「ベルリンの奇跡」と称賛されて以来の歴史的試合に偶然にも遭遇できたのです。当時サッカーは、今では信じられないでしょうが人気も知名度も低く、観客席をにぎやかにするために先生に引率された中学生が動員され見に行けたのでした。
　ルールはほとんど知りませんでしたが、とにかくおもしろかった記憶しかありません。ただ、チャンスなのに突然ゲームが中断して相手ボールになってしまうのが、今なら「オフサイド」とわかりますが、不思議でした。
　サッカー・ルールがわかるようになりたい、そしてサッカーをもっと楽しみたいと思っていた東京オリンピック当時の中学生が、数十年を経てようやく、ルールを自分なりに消化して書いたのがこの本です。

(2)二つの「サッカーライン（線）」
ー「歴史的なライン」と「抽象化されたライン」ー

　次頁図「サッカーライン（線）の歴史」の左側「歴史的なライン」は、サッカー・ルールの歴史がそのまま残されている線（ライン）を古い順から並べたものです。右側「抽象化されたライン」は、歴史における試行錯誤の部分を除いて洗練、抽象化された線（ライン）を図示したものです。灰色に塗られた部分は、ゴールキーパーの手の使用が許された地域の変遷を表しています。
　サッカーのライン（線）には、サッカーの歴史が凝縮されています。
　この図にしたがって、「サッカーのライン（線）の歴史」に隠された物語を「追体験」していけば、ルールがより深く理解でき、サッカーをもっと楽しめるようになると考えました。

(3) ラインの歴史に隠された「サッカー・ルールの歴史記憶」

①人類が過去に行ってきただろう行動を「反復」する小学生
ー「サッカー・ルールの歴史記憶」が、過去の事実を明らかにするー

　小学生の脳の中には「サッカー・ルールの歴史記憶」が知らず知らずのうちにプログラムされている、と考えています。そして普段は隠れているその「記憶」が、突然よみがえる瞬間があるのです。プログラムされた「サッカー・ルールの歴史記憶」を起動させるのは、「はじめのルール」です。

　　（ⅰ）「ボールが線から出たら、先に取った方が投げ入れる」ルール

　　（ⅱ）「壁、柵など、ボールが当たったらはね返るサッカーゴール」ルール

　　（ⅲ）「浮き上がったボールは手ではたき落としてよい」ルール

　　（ⅳ）「ゲーム人数は、多くする」ルール

　この「はじめのルール」から出発すると、小学生の「歴史の記憶」は呼び覚まされます。そして呼び覚まされた記憶にしたがって小学生は、人類が過去に行ってきただろう行動を「反復」します。そこから、ルールが発展してきた具体的な理由がはっきりわかるのです。

　つまり、未分化な「はじめのルール」を「使いこなす」ことによって矛盾が生じます。そして矛盾から生ずる不公平感を解決していこうとするプロセスから、「なぜだろう」という疑問が解けてくるというわけです。

　話は少しそれますが、成長した細胞を受精卵に近い状態の細胞に戻すことを「細胞の初期化」というそうです。初期化された細胞がノーベル賞で有名になった「iPS細胞」です。例えていうならば、分化、発展した今日のサッカー・ルールを初期化したものが「はじめのルール」になってほしい、と考えています。

②歴史の核心に迫る「使いこなし」の力

　歴史には、必ず「試行錯誤」があります。サッカーの歴史でも現代のルールにたどり着くまでにかなりの回り道をしたり、奇妙なルールをつくったりしています。しかし、小学生と共にサッカー・ルールの「使いこなし」を経験していくと、「試行錯誤」を飛び越えて一気に歴史の核心に向かう力があることがわかります。抽象化されたラインは、歴史の核心に向かう「使いこなし」の力によってつくりあげられました。前頁図「サッカーライン（線）の歴史」をどのように「使いこなし」たのか、興味が広がります。

　それでは、小学生と一緒にサッカーの歴史を「追体験」する「サッカー・ルールの歴史と発見の旅」へ出発しましょう。

［サッカーライン（線）の歴史］

〈歴史的なライン〉　　　　　　　　　　　　　〈抽象化されたライン〉

［町を二分して争う　　　　　　　　　　　　　［わくなしサッカー］
　お祭りサッカー］

1863 年
ピッチは旗で仕切られていた。
ゴールは平行に立てられた 2 本の棒。
（ゴールポスト）

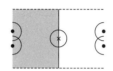
1887 年
ハーフウェーラインが引かれた。
半円形のゴールエリアができた。

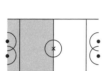
1891 年
ペナルティーキック・ルールができた。
12 ヤードラインが引かれた。

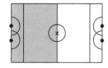
1897 年
ゴールラインが引かれた。

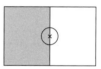

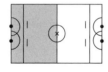
1901 年
18 ヤードマークができた。

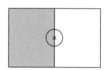

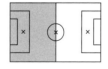
1902 年
12 ヤードラインはペナルティキックマークへ。
18 ヤードマークはペナルティーエリアへ。
半円形のゴールエリアは長方形になった。

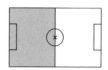

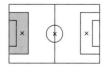
1912 年
キーパーの手の使える範囲が自陣内から
ペナルティーエリア内だけに縮小された。

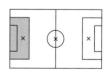

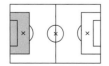
1937 年
ペナルティーアークが追加された。

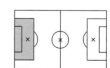

第一章

「わく」ルールの発見

「わく」ルールに関係するライン

「わく」に関係したラインは、太線で示した部分です。
「わくなしサッカー」から、どのようにして「長方形のゲーム場」へ「使いこなし」ていったのか、「追体験」しましょう。

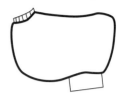

〈「わく」ルールに関係するライン〉
（太線部分）
[わくなしサッカー]

【1】「わく」の発見
―「わく」が誕生すると、ルールが飛躍的に複雑化する―
(1) サッカー・ゲームの始まり

①わくなしサッカー
―日常的な、お祭りの世界―

　原っぱ、広場、校庭などでサッカーゴールがないところでは、壁（かべ）や柵（さく）などをゴールに見立てて、線などいっさい引かずゲームをすることがあります。このようなゲームを「わく（線）なしサッカー」と呼んでおきます。「わくなしサッカー」は、小さい子でもわかります。花だんの中などでもボールに群がって、ボールを取り合っています。

　「ゴール」という言葉の語源は「gol」という村の境界を指す言葉だそうです。サッカーの起源はイングランドの村や町で行われた祭りです。大勢が二手にわかれ、村や町の境界「gol」に目標地点を決め、ボールを奪い合いながら目標を目指すという祭りで、このことから目標のことを「gol」と呼ぶようになりました。「わくなしサッカー」の「gol」は、壁（かべ）や柵（さく）になります。

　昔のおとなが真剣に夢中になって取り組んでいたお祭りの世界を、今では子どもたちが校庭や広場の遊びの中で「追体験」しています。

②わく（線）ありサッカー
ー実世界と区別された、ゲームの世界ー

　「わくなし」でも十分楽しくできるのに、わざわざ「わく」（線）をつける意味は何でしょうか。「わく」（線）の意味を見つけた小学生がいます。

「わくがあると、そこからあそこまでというのがきまっているので、ボールをとりかえしにいった人がどこにいるか、そのはんいでさがせるけど、わくなしだとどこにいったのかわからないときがある。わたしは、サッカーのとき、しょっちゅうどこにいったかわからなくなる。」(4年女子)
「わくなしだと、きりがなくて、花だんやすな場のほうでまだやっている。」
(4年男子)

　日常的なお祭りの世界から、「わく」（線）をかいて実世界と「きり」をつけ、ゲームの世界へ移行するという表現と考えられます。
　「わく（線）」は「きり」をつけるためだけですから、場所に合わせて自由に引けばよいのです。長方形にこだわることはありません。「きりをつける」とルールはより洗練されます。それにともなって、ゲーム内容も洗練されていきます。

コラム1　現代に残る、「わくなし」お祭りサッカー
ー「シュローヴタイド・フットボール」ー

　ロンドンから車で約3時間、ピーク・ディストリクト国立公園の入り口にある人口7000人の町アッシュボーン。この町では、毎年2日間、シュローヴタイド・フットボールと呼ばれるサッカーのルーツと考えられるお祭りが開かれます。このお祭りは17世紀から300年以上続いていて、町の人が二つのチームにわかれて闘うゲームです。

　ゲームにボールが使われているのはサッカーと同じですが、そのルールはとても変わっています。なんと町全体がフィールドとなり、ボールが川に入ろうが民家に入ろうがお構いなし、7000人を超える大群衆が日が暮れてもボールを追って走り続けます。サッカー発祥の国イギリスで、今も受け継がれている伝統の祭りです。

　町の中心にある駐車場からボールが投げ入れられると試合開始です。川を境に北側がチーム・アッパーズ、南側がチーム・ダウナーズにわかれます。ゴールの間隔はおよそ5キロメートルで、ゴールは川の中に立てられた石碑です。この石碑の中心に手に持ったボールを3回続けて当てたら、勝ちとなります。ゲームは、午後2時に始まり午後10時まで8時間続けられます。主たる作戦は、「ハグ」、ラグビーのスクラムのように大勢の選手がボールを囲んで、そのまま運んでいくやり方。

「リバー・プレー」、ボールを川の中に持ち込んで、流れの勢いを利用して川下にあるゴールに近づくやり方。

「ブレイク」、ハグの中からボールを出して蹴ったり投げたりして距離をかせぐやり方。

　等があります。

　アシュボーンに生まれた男たちにとって、1年は祭りの2日間のために存在します。

「1年のうち半分は前の祭りの思い出話で、あとの半分は次の祭りの話題さ。」

　この祭りの様子は、2002年NHKのBS放送で、「熱闘7000人ーこれがサッカーのルーツだー」と題して、映し出されました。

〈川の岸辺に立てられたサッカーゴール（石碑）〉
川の中に立っている人が、手に持ったボールを3回続けて黒い丸の部分に付けたら得点になる。

(2) ボールが「わく」から出てしまったときの、はじめのルール
①線を引けば、ルールが増える
ー「わく」なしゲームは、ルールがほとんど必要なかったー

　サッカー・ルールの指導法を模索していたころ、小学生のサッカー学習で「わくなしサッカー」から「わくありサッカー」へ何げなくルール変更したことがあります。するとゲームの中で生き生きと動いていた児童が、急に動けなくなってしまったのです。

　わく（線）からボールが出たときにおとなが使っているルール「ボールを出した相手側が、ボールが出たところから投げ入れる」ルールは、洗練された難しいルールだったのです。言葉で説明しても、小学生にはなかなか理解できませんでした。

　「ボールが出たらどうしていいかわからない、めんどうくさい、どちらがボールを出したかわからない。」（3年女子）

　そこで苦しまぎれにひらめいた、「ボールがわくから出たら、先に取った方が投げ入れていいよ。」というルールを提案してみました。結果は大成功、また全員が楽しく動けるようになりました。

　この感覚的な提案が、歴史的にも行われていたことを知ったのは後になってからでした。

②「先にボールを取った者が投げ入れる」ルール
ー歴史の記憶を呼び覚ますルールー

　ルールの歴史を調べてみると、「ボールがわく（線）から出たら、先に取った方が投げ入れる」ルールが、はじめ行われていたのです。バスケットボールでも、「ボールが境界線の外に出た場合には、そのボールに最初に触れた人によって境界内に投げ入れる」ルールが最初の競技規則（1892年）に書かれています。人間の歴史では、わくからボールが出たら、先に取った方が投げ入れるのが当たり前の時代があったのです。

ルールがわからないと、ゲームにあまり参加しないという行動をとる小学生も多くいます。しかし、このルールにするとわかりやすくなるのか、ゲームにあまり参加せず見守っていた児童もよく動けるようになります。そして、激しいボールの取り合いを「追体験」します。

　「ボールをとるときにおされてこけたり、足をひっかけられたり、けとばされたりする」（6年女子）

　昔のおとなたちも、同じように激しいボールの取り合いをしていたことでしょう。

　それだけでなく、「先にボールを取った側が投げ入れる」ルールを使いこなすと、新しいルールが自然と生まれてくるのがわかったのです。大発見でした。

　みなさんならこのルールを使いこなすために、どのような作戦を立てますか。考えてみてください。

コラム2　周りの線は、額縁（がくぶち）

　原始人の描いた壁画（へきが）には何の区切りもなく、絵の世界と実世界とは区別されることなくつながっていました。額縁（がくぶち）に入れると絵はぐっと引き立ちます。人間が額縁を生みだしたことは、画期的な意味があります。

　「そのときからはじめて絵がほんとうに『生きた』といえるからです。つまり、その時からほんとうの意味で絵が『生まれた』ともいえるのです。人びとは、絵の世界と実世界とをはっきり区別して意識し、絵画芸術の独立性をはっきり承認したのです。

　額に入った絵のことをタブローとよんでいますが、このタブロー（額画）という概念は、たんに額装をつけたという意味ではなく、そういうふうに独立的にながめられることによって生じた絵の内容の変化、その新しい自由な性格のことを意味しています。

　それは音楽上の交響曲（シンフォニー）や文学上の小説（ロマン）などとも対応する性格で、それぞれの芸術部門の独自性が最も典型的に展開された形式です。それは、その芸術が他のなにものの力にもたよらずに、自分自身だけで完結した小宇宙を構成するような性格です。」
（伊藤高弘　永井潔　「芸術・スポーツと人間」　新日本出版社　1974年）

　「わくなしサッカー」は、絵画でいえば額縁（がくぶち）のない壁画（へきが）の時代です。歴史的には、村から村へボールを蹴り合っていた頃のサッカーになります。「わく」は、絵の世界における額縁（がくぶち）です。「わくありサッカー」は、旗や線で仕切られて日常の世界から独立し、ゲームの世界として自分自身だけで完結した小宇宙を構成し生きることができるようになったと考えられます。そして現代では、ワールドカップ・サッカーに代表されるような芸術的なプレーを見ることができます。

　「わく」で仕切られたゲーム場を「ピッチ」と呼びます。英語の「pitch」は、杭などを「打ち込む」という意味があり、杭に挟まれた区域が「ピッチ」です。当時の学生フットボールも、広場に4本の杭を打ち込んでプレーの範囲を決めていたので「ピッチ」と呼ぶようになったとされています。その後、杭は旗を立てるように変わり、旗が現在の線（ライン）に変わったのです。コーナーフラッグやハーフウェーラインの外の旗は、その名残りです。

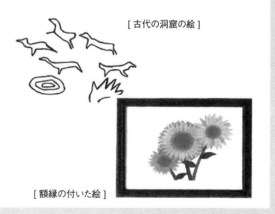

[古代の洞窟の絵]

[額縁の付いた絵]

(3) 使いこなせば、未来が見える
―ルールを使いこなす作戦が、ルールを発展させる―

①「せんのちかくで、てきにかこまれたら、自分でボールを出してすぐとる」

　「振り返れば、未来が見える」は、木村尚三郎（歴史学者）の有名な言葉です。ルールの世界では、「使いこなせば、未来が見える」のです。

　「先にボールを取った者が投げ入れる」ルールを使いこなす作戦を、小学生は次のように表現しています。

　「せんのちかくで、てきにかこまれたら、だして、そのままとればすこしゆうりだから」(6年男子)

　「自分でボールを出して、すぐとる、それがうまいやり方だろうけど、『ずるーい』と思ってにらんでしまう。なんとなくひきょうだ」(6年女子)

　「せんのちかくで、てきにかこまれたら、自分でボールを出してすぐとる」は、みごとな使いこなしです。しかしこの「使いこなし」は、使いこなす側にとって有利でも相手側にとって「ずる」と感じられる不公平感が残ります。このような矛盾が次のルールの必要性を準備し、ルールは発展していきます。
　この不公平感をなくす次のルールを、考えてみてください。

②「ボールを出した反対側が投げ入れる」ルール
―自分でボールを出したら、相手ボールになってしまう新しいルール―

　「自分でボールを出して、すぐとる」という「使いこなし」によって、「ボールを出した反対側が投げ入れる」ルールの必要性が、公平にするための切実な実感としてよくわかるのです。このルールだと、自分でボールを線の外に出せば、相手ボールになってしまいます。

18

「先にボールを取った者が投げ入れる」ルールは、大変わかりやすいルールです。しかし、「ボールを出した反対側が投げ入れる」ルールを実際に行って比較検討することにより、洗練されたより公平なルールを知ることができます。

　はじめから「ボールを出した反対側が投げ入れる」ルールにしてしまうと、新しいルールを発見しつくり出すという感動的な体験はできません。

コラム3 「はじめのルール」と「進化したルール」の比較アンケート

ールールが理解できると意見がよく出る。理解できないと沈黙し、ゲームで動けなくなるー

　ルールがよく理解できると、意見が活発に出るようになります。小学生は、よくわからないと、「何も言わない」「参加しない」という行動をとることが多いようです。

　下記の小学生の作文は、ボールがわくから出たら「先にとった者が投げ入れる」ルールがよいのか、「ボールを出した反対側が投げ入れる」ルールがよいのかのアンケート結果です。意見がこれだけ活発なのは、これらのルールがしっかり理解できた証拠です。どちらがよいかの結論を出すのでなく、意見が活発に出ることが大切なのです。

　また、「先にとった者が投げ入れる」ルールが常識だった時代があったことを知ることも大事なことです。

「ボールが、わくから出たら（小学校6年生のアンケート結果）」（注）

（あ）「先にとった者が投げ入れる」ルールがよい理由

「あいてがわになってしまうと、だしてしまった時にいやだから」（女）
「とるのを見てるとおもしろいから」（女）
「出した人がわからないばあいこまるから」（男）
「わざとだしても取れるから」（男）
「あやまって出してしまっても早いものがちだから」（女）
「ゴール前でじぶんでボールを出して、すぐとって、なげてパスして入れればはやいから」（女）
「せんのちかくで、てきにかこまれたら、だしてそのままとればすこしゆうりだから」（男）
「おもしろいから」（男）
「わざとだしても取れるから」（男）

（い）「ボールを出した反対側が投げ入れる」ルールがよい理由

「自分でボールを出して、すぐとる、それがうまいやり方だろうけれど、『ずるーい』と思ってにらんでしまう。なんとなくひきょうだ」（女）
「さきにとった方だとケンカになるし、とりに行くのをわすれちゃう」（女）
「力が強い方が有利で不公平になる」（男）
「足のはやい人がとくするから」（男）
「先にとった方の場合とりあいになって時間のむだ」（女）
「わざとボールを出して時間かせぎをするから」（男）
「ボールをとるときにおされてこけたり、足をひっかけられたり、けとばされたりするから」（女）

（注）福田純 「サッカーゲームの発生ー児童の知的発達の発生、分化、発展の一考察ー」 1991年

20

(4) 使いこなせば、ルールが見える
ーもう一つのルール使いこなし作戦ー

①「せんのちかくで、だして、そのままとって」自分の足下にボールを落として、ドリブル突進

　「先にボールを取った者が投げ入れる」ルールには、もう一つの「使いこなし」があります。「せんのちかくで、だして、そのままとって」自分の足下にボールを落とし、そのままドリブル突進（ボールといっしょに走る）をした小学生がいました。周りの小学生ばかりでなくおとなも「アッ、ずるい」と思いました。けれど、ルール上は正しいのです。

　さらに勇敢な者は線から出したボールをとって投げ入れるとき、自分の足下ではなく相手陣深く投げ込み、突進していくこともあります。とにかく自分で突進したいのです。

　運動が得意で、元気があり余っているような小学生によくあります。

　さあ、どんなルールをつくったら、より公平なルールになるでしょう。

②「ボールを投げ入れた者は、続けてボールにさわれない」ルール
ーボールを投げ入れた者が、そのまま突進できない新ルールー

　「使いこなし」によって、「ボールを投げ入れた者は、続けてボールにさわれない」ルールが必要なのがよくわかります。この新ルールによって、「線から出たボールをとって投げ入れるとき、自分の足下にボールを落としてそのままドリブル（ボールと一緒に走る）、突進していく」ことはできなくなります。

　自分で突進したい者は、ボールを投げ入れて他の人に1回ボールを渡し、その折返しボールをもらえば可能になります。

③「ボールの投げ入れ方」ルールの発展

　小学生のゲームにおけるボールの投げ入れ方は、

　（ⅰ）自由に投げ入れる。

　（ⅱ）現在行われている「両手で頭の上から投げ入れる。」

と発展します。

　「両手で頭の上から投げ入れる」ときに、両足がしっかり地面に着いていないと「ファールスロー」の反則になります。しかし、小学生は「両手で頭の上から投げ入れる」とき、片足が地面から離れてしまうことが多く、大変難しい投げ入れ方のようです。「両手で頭の上から投げ入れる」ことができればよしとして、ゲームを楽しむことも必要です。

　「ボールの投げ入れ方」ルールの実際の歴史は、複雑な発展過程をとります。洗練されたルールは一朝一夕にできなかった、と再認識させられました。

(5)「ボールが『わく』から出たときの投げ入れ方」の試行錯誤を含んだ歴史

　　昔のおとなは試行錯誤の末、今では当たり前になっている

　　　「ボールを出した相手側が投げ入れる」ルール

を発見しました。歴史を振り返ってみると、

　　　「最初にボールを取った者が投げ入れる」ルール

よりスッキリと洗練されたものになったことがわかります。

①1863年の「ボールの投げ入れ方」ルール

　「先にボールを取った側が」「クリケットのように片手で頭上を越して」「線に直角に」ボールを投げ入れた。

　「先にボールを取った側が投げ入れる」にすると、小学生で見られたようなボールの取り合いによる無用な争いが起こります。これはゲームの楽しさとは関係のないことですから、改善せざるをえないでしょう。片手の投げ入

れ方は、クリケットに影響されたことがわかります。
　「線に直角に投げ入れる」方法は、現在のラグビー・ゲームの中に生き残っています。チームがタッチラインに直角に並んで投げ入れを待つ方法です。ラグビーの中には、サッカーからは消え去ったルールの名残が、現在でもいくつか生き残っています。しかし今日の視点で見ると、この投げ入れ方法はサッカー・ゲームのスピーディーな流れを止めてしまうと思われます。変わらざるをえない方法でした。

② 1895年の「ボールの投げ入れ方」ルール
　「ボールを出した相手側が」「両手で」「頭上を越して」「どの方向でも」「両足は地面からはなさないようにして」ボールを投げ入れる。

　「ボールを出した相手側が投げ入れる」ルールによって、無用な争いがなくなり、より公平になりました。「どの方向でも」ルールによって、ゲームの流れを止めないスピーディーさが確保されました。
　「両手で」「頭上を越して」ルールには、歴史的な経緯があります。昔、片手投げでゴール前まで投げる選手が出てきました。しかも1898年まではスローインからの得点もOKだったので、大変不公平になりました。そこで両手投げにして、そんなに遠くまで投げられないようにしたのです。このようなことから、「ボールの投げ入れ方」がよりスッキリと洗練されたものになったことがわかります。
　しかし、サッカー技術の進歩は目覚ましく、今日では「両手投げ」でもコーナーキックのように遠くまでボールを投げ入れる選手が、出現しています。

【2】「ゴールライン」の発見

(1)「サッカーゴールの近く」とは、どこまでか?
ーサッカーゴール近くの線からボールが出たときは特別なルールが必要になるー
①サッカーゴール近くでは、投げ入れを上手に使いこなすと、楽に得点できる。

　ゴール近くでボールが線から出てしまったときは、「ボールが出たところから投げ入れる」ルールをうまく使いこなすと、簡単に得点できます。これは、
「ボールを先に取った者が、出たところから投げ入れる」ルール
「ボールを出した反対側が、出たところから投げ入れる」ルール
どちらのルールの場合でも同じことがいえます。このような得点が多くなると、ゲームへの興味が半減してしまいます。ですから、ゴール近くのボールの投げ入れ方は、特別なルールが必要になってきます。

［ゴールポスト近くからのボールの投げ入れ］

②「サッカーゴールの近く」が、決められない
ー不定形の線（ライン）では、「ゴールの近く」がはっきりしないー

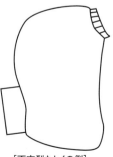

［不定型なわくの例］

　「きり」をつけるための線は、どんな形でも OK でした。しかし、「どこまでがゴールの近くなのか」が、不定形の線（ライン）では明確にわかりません。ゴールポスト

のすぐ横ならゴール近くとすぐわかりますが、何メートル離れると「ゴール近く」でなくなるのか、誰にでもすぐにわかるようなルールが必要なことがわかります。

　さて、どんなルールをつくったら、より公平なルールになるでしょう。

③長方形のゲーム場は、大発見だった！
ー「ゴールライン」「タッチライン」の発見ー

　このようなとき、ゲーム場を長方形にすると、「ゴール近くの線」がどこなのかすぐわかります。また、公平な投げ入れ場所も決めやすくなります。みなさんが何げなく使っている長方形のゲーム場は、大発見だったのです。

　図のように、「ゴール近くの線」を「ゴールライン」と決めます。「ゴールから遠い線」は、「タッチライン」とします。「タッチライン」は、ゲーム場の横線になります。

　「タッチライン」の名前の由来は、「ボールが線の外に出たとき、最初にボールにタッチした選手がスローインの権利を得たところからつけられた」そうです。「先にボールを取った者が投げ入れる」ルールを知っている私たちには、なじみやすい名前です。

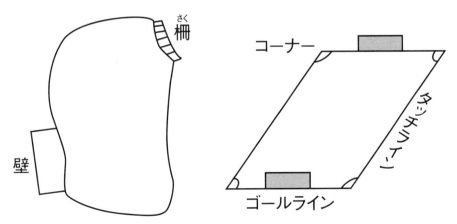

［不定形の「わく」から、長方形のゲーム場へ］

④ゴールライン（ゴール近くの線）からボールが出たときの、公平なボールの入れ方
ー「ゴールキック」「コーナーキック」の発見ー

　ゴールラインからボールが出たとき、「ボールが出たところから投げ入れる」ルールだと、ゴールポストの真横から投げ入れることも可能で、攻める側がとても有利になりすぎます。こんなとき、大発見だった「長方形のゲーム場」を上手に使いこなして、「角（コーナー）からボールを入れる」ルールにすると、より公平になります。そして、角（コーナー）からサッカーゴールまでがかなり遠くなるので、「蹴って入れる」ルールにします。これが「コーナーキック」です。

　また、守っている側が「ゴールライン」からボールを入れるときは、これまでのように「ボールが出たところから『投げ入れる』」ルールでは不公平になります。「コーナーキック」は蹴り入れですから、同様に「ボールが出たところから『蹴り入れる』」ルールにすると公平になります。これが「ゴールキック」です。

　ゴールの近くからボールを投げ入れたとき、簡単に得点できることを経験してきているからこそ、このルールの公平さが実感できるのです。

(2)「ボールがゴールラインから出たときの、ボールの入れ方」の試行錯誤を含んだ歴史
ー「コーナーキック」ルールも大発見だったー

　サッカー・ルールの歴史を「追体験」する小学生の旅では、競技場のはじめは不定形でした。そこから長方形を発見する過程を取ると、「使いこなし」によって「コーナーキック」ルールは簡単に発見できました。

　しかしサッカーの歴史では、競技場ははじめから長方形です。長方形の競技場ならば「コーナーキック」はすぐに発見されそうですが、昔のおとなは

試行錯誤、紆余曲折の末、今では当たり前になっている「コーナーキック」を発見しました。歴史を振り返ってみると、「コーナーキック」が大発見だったことがよくわかります。

1. 「先にボールを取った側が入れる」ルールが行われていた（1863年）

《守備側が先にボールを取って入れるとき》

　ゴールライン上からフリーキック（相手のじゃまなしにボールを蹴る権利）を行う。

《攻撃側が先にボールをとって入れるとき》

　ボールを取った地点に対向する、ゴールラインから15ヤードのところからフリーキック（相手のじゃまなしにボールを蹴る権利）を行う。フリーキックは、直接得点はできない。

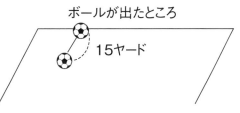

［ボールをとった地点に対向する、ゴールラインから15ヤードのところ］

2. ゴールラインの外にボールを蹴り出せば、すべて守備側のゴールキック　―1869年の不思議なルール―

　このルールでの守備側は、相手に攻め込まれて苦しいときに、ゴールラインの外にボールを蹴り出せばピンチを逃れられ、おまけにゴールキックにすることができます。明らかに不公平で不思議なルールです。1873年に、わずか数年でこのルールは変えられてしまいます。いっぺんに都合のよいルールはできなかったことが、このことからわかります。今から思うと信じられないような変わったルールが、つくられたのです。

　昔のおとなもルールづくりを迷っていたのです。

3. 「コーナーキック」の発見（1873年）

　《攻撃側が、ゴールラインからボールを出した時》出た所から守備側がフリーキ

ック

《守備側が、ゴールラインからボールを出したとき》いちばん近い「コーナーフラッグ」から攻撃側がフリーキックを行う。

　当時、線ではなく旗で競技場が仕切られていました。コーナーフラッグは、競技場の角（コーナー）に立てられていた旗（フラッグ）を指します。
　この段階になってようやく「コーナーキック」が、考え出されました。1.や2.のルールから考えると、大発見です。しかし、タッチラインからボールが出たときに、「先にボールを取った側がボールを入れる」ルールは、そのままでした。

4.「ゴールエリア」（半円）ができた（1887年）
ーゴールキックが、ゴールエリアから行われるようになったー

　ゴールポストに6ヤードの半円が引かれゴールエリアとなりました。また、ここからゴールキックを蹴るようになりました。

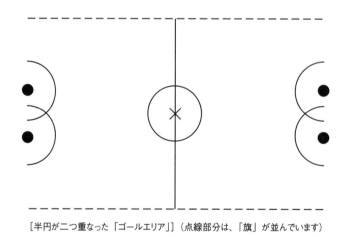

［半円が二つ重なった「ゴールエリア」］（点線部分は、「旗」が並んでいます）

5. タッチラインが「旗」から「線」に変更された（1891年頃）

6. 「タッチラインからボールを出した反対側が入れる」ルールに変更された (1895年)

　「先にボールを取った側が入れる」ルールから、「ボールをタッチラインから出した反対側が投げ入れる」ルールに変更されました。

7. ゴールラインが、「線」に変更された（1896年頃)

　ゴール近くの攻防は、直接得点に関係してきます。これまでは、2本のゴールポストを結ぶ想像線がゴールラインでした。しかし、ボールがゴールラインの外に出たのか出なかったのかがよくわかるようにしなければなりません。したがってこれまでの想像線（ゴールライン）が、「線」で表されることになりました。

コラム4 「使いこなし」は、「試行錯誤の歴史」を飛び越えて、ルールを進化、洗練させる

（あ）「ずるいと思って、にらんでしまう」

ルールを使いこなすことによって、ルールは発展していきます。「先にボールをとった者が投げ入れる」ルールにすると、
「せんのちかくで、てきにかこまれたら、だして、そのままとればすこしゆうりだから」（6年男子）のような使いこなしが行われるようになり、
「自分でボールを出して、すぐとる、それがうまいやり方だろうけど、『ずるーい』と思ってにらんでしまう。なんとなくひきょうだ」（6年女子）
のような矛盾が噴き出します。

使いこなす側にとって有利でも相手側にとっては「ずる」と感じられる矛盾が、次のルールの必要性を準備し、ルールは発展、洗練されていきます。

（い）「使いこなす」は、「試行錯誤の歴史」が「凝縮」されている

「使いこなす」行為は、人間の試行錯誤の歴史が凝縮されていて、ルールを一気に洗練させる力があります。この物語では、「コーナーキック」「ハーフタイム」「ゴールエリア」等は、人間の試行錯誤の歴史を飛び越えて、「使いこなし」によって一気に発見され、洗練されました。

「使いこなす」は、「歴史の記憶」を呼び覚まし、ルールを洗練させます。

（う）「ルールを使いこなす、使いこなせる」小学生は、異端児か？

小学生は、ルールに対しては保守的に行動することが観察されました。おとなのサッカーや地域のサッカークラブで使っていルールへのこだわりが強いのです。ルールを使いこなせる児童は、少ないです。その少数の児童が発見した「使いこなし」が、だんだんクラスに広がっていきます。クラスの「先駆者」です。

その反面「ルールを使いこなせる児童」は、「出る杭は打たれる」ということわざが示すように、クラス内の大多数の児童とは少し違っている印象です。つまり「異端児」になりやすい側面を持っているのです。日本の小学校での「先駆者」は、クラス内での居心地が悪いように感じました。

ところで、お皿を投げて遊び道具のフリスビーを発明してしまう米国では、「先駆者」を受け入れる精神風土があるように感じます。「ルールを使いこなせる」小学生が、この国ではどんな評価をされるのか興味あるところです。

また、アジアの国々、ヨーロッパ、アフリカ、中近東などではどのように評価されるのか、調査する機会があればよいなと思います。

【3】「使いこなし」から生まれた「わく」の発見物語
ーライン（線）を理解する順番（認識過程）ー

1. わくなしゲーム
　ボールを誰かが投げ入れればゲームが始まります。「壁、柵ゴール」なので、得点になってもボールがはね返るのでそのまま続けます。そして、ゲームの終了まで中断なしに続けられます。
　「わく」がないと、ルールはほとんど必要ありません。

2. わくありゲーム（「わく」の発見）
　「わくなしだと、きりがなくて、花だんやすな場のほうでまだやっている」ので、「きりをつける」ために「わく」をゲーム場につけます。
　「きりをつける」だけなので、「わく」はどんな形でもかまいません。

3. 「先にボールを取った者が投げ入れる」ルールの発見
　「わく」をつけると、「わく」からボールが出たときのルールが必要になります。
　「わく」からボールが出たら、「先にボールを取った者が、ボールが出たところから投げ入れる」ルールにします。いちばんわかりやすいからです。

4. 「ボールを出した相手側が、投げ入れる」ルール、「ボールを投げ入れる者は、続けてボールにはさわれない」ルールの発見
　「自分でボールを出してすぐとる、それがうまいやり方だろうけど、『ずるーい』と思ってにらんでしまう。なんとなくひきょう」（6年女子）
なので、「線からボールが出たら、ボールを出した反対側が、ボールが出たところから投げ入れる」ルールにします。
　また、「『わく』からボールを出して、自分で取って、自分の足下にボール

を落として、そのまま突進する」使いこなしのため、「ボールを投げ入れる者は、続けてボールにはさわれない」ルールにします。

5.「長方形のゲーム場」の発見

　サッカーゴールのすぐそばからボールを投げ入れると、簡単に得点できてしまい攻撃側が圧倒的に有利になります。またどこまでが「サッカーゴールの近く」になるのか、誰にでもわかるようにしなければなりません。これらを解決するために、ゲーム場を長方形にすると便利なことが発見できます。つまり、「ゴールライン」「タッチライン」の発見です。すると、「コーナーキック」「ゴールキック」も必然的に発見でき、より公平で洗練されたルールになっていきます。

　ゲーム場に「わく」をつけるだけで、これだけの発見物語ができることに驚きます。

【4】「わく」ルールに関係する、使いこなせるようになったライン

　ライン（線）を一本引くだけで、ルールは激変しました。
「ボールが出たらどうしていいかわからない、めんどうくさい、どちらがボールを出したかわからない。」（3年女子）
という意見もわかるような気がします。わくで区切られたゲームは、「他のなにものの力にもたよらずに、自分自身だけで完結した小宇宙を構成するような性格」の独立した世界をもつようになりました。

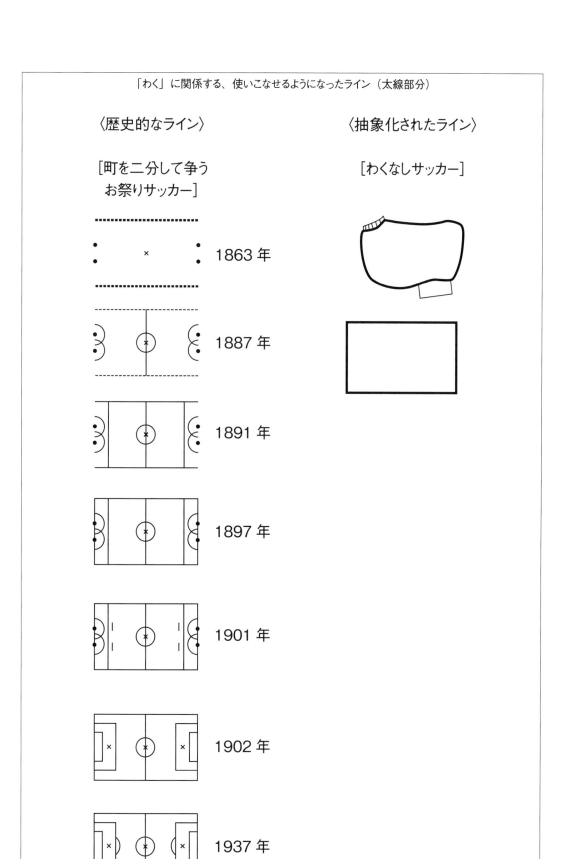

第二章

「サッカーゴール」ルールの発見

「サッカーゴール」ルールに関係するライン

サッカーゴールに関係するラインは、ゲーム場の中にある太線で示した「○」印と「×」印です。サッカーゴールを「使いこなし」ていく中で、「○」印や「×」印にどのような意味が隠されているのか「追体験」して確かめましょう。

〈「サッカーゴール」ルールに関係するライン〉
（太線部分）

[わくなしサッカー]

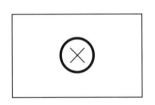

【1】「サッカーゴール」の発見
(1) サッカーゴールが、難しい
①勝ち負けがわからないと、ゲームが楽しめない

「わくなしサッカー」のゲームで、ルールがほとんど必要ないときでも、そのゲームで使われている「サッカーゴール」に特有の「得点」方法の意味がわからなければ、ゲームをしていてもおもしろくありません。小学生の中には、おとなやスポーツ好きな人には想像もできないことですが、どうなると得点なのかもわからず、興味もなく、なんとなくサッカー・ゲームに参加している子が時々います。

また、現在使われているサッカーゴールの正確な理解が意外に難しいことが、小学生の観察、アンケート調査等からわかってきました。サッカーゴールの意味がはっきりわかり興味をもってゲームをするには、もっとわかりやすいサッカーゴールから始めることが必要に感じます。ゲーム場の真ん中にある「○」と「×」印もこのことに関係しています。

②今と昔のサッカーゴールの違い

［昔のサッカーゴール］

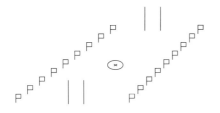

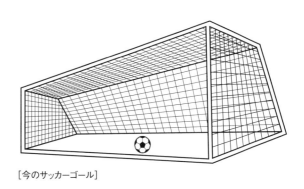
［今のサッカーゴール］

(2) いろいろなサッカーゴールとその得点方法

(i) シュローヴタイド・フットボールの得点方法

ーボールをつけたら得点ー

　川辺に立てられた石碑がある。そこにある黒丸にボールを三回連続してつけたら得点です。

(ii) 壁、柵サッカーゴール

ーボールを当てたら得点ー

　壁や柵にボールが当たったら得点です。

　続けて2回当たれば、2点になります。

(ⅲ) ポストが2本のサッカーゴール
—ポストの間を通過したら得点—

一番はじめのサッカー・ルール「フットボール・アソシエーション・ルール」(1863年)の規定です。

ポストとポストの間をボールが通過すれば得点になります。ポストの延長線上であれば、どんなに高い位置を通過しても得点です。

(ⅳ) ネットのついたサッカーゴール
—ゴールラインを越えたら得点—

ゴールラインをボールが完全に越えたら得点です。ゴールネットに当たったときが得点ではありません。

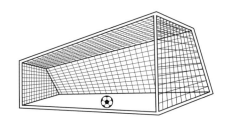

(3)「得点になるときを正しく理解しているか」アンケートで調べる

①どの絵が得点になるときか？

まず、どうなると得点になるのか正しく理解している人の割合を小学校1年生〜6年生にアンケートをとって調べました。

②ゴールラインをボールが完全に越えたら得点になる

正しい答えは、ゴールラインをボールが完全に越えたら得点になるので「[2][4]に〇」です。

「サッカーゴール認識」における児童へのアンケート結果　（注）

（ア）「［２］［４］に〇」をした正確な理解の児童は、全児童の（43％）、高学年（49％）、中学年（33％）、低学年（18％）でした。

（イ）「［４］ゴールネットに当たったときに〇」は，全児童の（37％），高学年（28％）、中学年（30％）、低学年（42％）でした。

（ウ）「［２］［３］に〇」など混乱した理解の、よくわかっていない児童（19％）。

（エ）「全くわからない」に〇の児童（２％）。

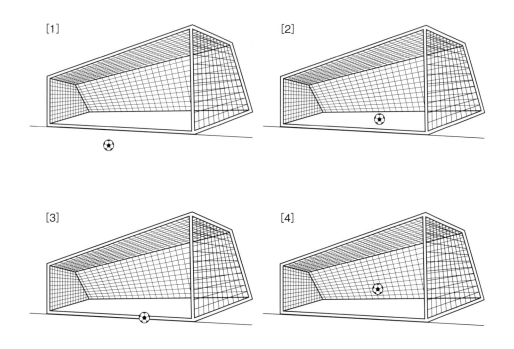

[5] まったくわからない

（注）福田純　「児童のサッカーゴール認識過程における発達的特徴の研究」
第60回日本体育学会　2009年

低学年やサッカーが苦手な中学年、高学年の児童ほど、ゴールネットにボールがぶつかったときが得点になると考えている結果になりました。高学年でも約半数の児童しか、どうなると得点になるのかを正しく理解できていない結果になっています。「よくわかっていない」「全くわからない」でゲームしている児童もいることがわかります。

　みなさんが何げなく使っているサッカーゴールが、思った以上に難しいものであることがわかります。

③ボールがゴールネットに当たったときが得点……？

　ゴールラインをボールが越えると得点ですが、正確に見分けるためにはラインズマン（線審）が必要になります。しかし、ラインズマン（線審）などいないことが多い遊びや体育のサッカー・ゲームでは、見分けるのが難しいのです。また、コラム（5）「ゴールラインをボールが越えたか、今でも議論になる判定」でも取り上げていますが、優秀なレフェリー（主審）、ラインズマン（線審）がいても、ボールが完全にゴールラインを越したかどうかを見分けるのが難しいときがあります。

　かなりの数の児童（全児童の37％）が、ゴールネットに当たったときだけが得点だと思い違いしています。けれども、「ゴールラインをボールが越える」より「ゴールネットにボールが当たる」方が直接見ることができるので、とても素直でわかりやすい感じ方だと思います。

　それでは、はじめのサッカーゴールは、どのようにしたらわかりやすくなるでしょう。

コラム 5 ゴールラインをボールが越えたか、今でも議論になる判定
ーワールドカップ・イングランド大会（1966年）決勝のイングランド対西ドイツ戦ー

（あ）ワールドカップ・イングランド大会（1966年）　決勝イングランド対西ドイツ戦

2対2でむかえた延長前半10分過ぎ、ワールドカップ史上最大の議論をまきおこした問題のシーンが訪れます。ジェフ・ハースト（イングランド）のシュートは、クロスバーに当たりほぼ真下にはね返った後、西ドイツの選手によってクリアーされました。主審は、線審に確認し、西ドイツ選手の激しい抗議にもかかわらず得点が決まりました。中継カメラも少なくスローモーション技術もなかったため、テレビによる判定は不可能でした。ドイツでは、今でも「あれはノーゴール」として認めていません。

ハーストは、その後1ゴールを追加し、ワールドカップ史上唯一となる決勝でのハットトリックを達成し、イングランドが優勝しました。

「ゴールラインをボールが越えると得点」ルールは、審判がいても難しいのです。

（い）ワールドカップ・ブラジル大会（2014年）

2014年6月10日朝日新聞デジタルは伝えました。

「きわどいゴール、7台のカメラがジャッジ　W杯で初導入」

「サッカーのワールドカップ（W杯）で今回初めて導入されるゴールラインテクノロジー（GLT）報道陣向け説明会が9日、リオデジャネイロのマラカナン競技場で開かれた。ゴールに入ったか微妙なボールの位置を7台のカメラの映像を基に1秒以内に解析。ゴールと判断されれば、審判の腕時計に「GOAL（ゴール）」の文字がでる仕組みだ。

GLTには、ボールにチップを埋め込む方式もあるが、今回全12会場で導入される独ゴールコントロール社製は、両サイドのゴールをカメラ7台ずつで見る方式。国際サッカー連盟（FIFA）の担当者は「審判の立つ位置によって見る角度が変わり、ボールの見え方が違う。7台で見極め、審判をサポートする」という。

導入のきっかけの一つは、前回W杯の決勝トーナメント1回戦ドイツ対イングランド戦だ。イングランドMFランパードのミドルシュートはバーの下側に当たり、ゴールライン付近で弾んで外に出た。審判はノーゴールと判定したが、テレビ映像ではゴールを割っていた。」

1966年のワールドカップ・イングランド大会決勝から48年後になってようやく、ゴール判定機が導入されることになりました。それにしてもドイツ対イングランド戦は、ゴール判定に関して因縁の対決といえます。

このゴール判定機がドイツ製なのは、ゴール判定に対するドイツの歴史的執念が感じられます。

【2】「ボールを投げ入れたらゲーム開始」ルールの発見
ー最初の「ゲーム開始」ルールー

(1)「壁（かべ）・柵（さく）ゴール」の発見
ー「歴史の記憶」を呼び覚ますルールー

①壁（かべ）や柵（さく）のゴールは、いちばんわかりやすい、はじめのゴール
ー得点になっても、ゲームはとぎれないー

　「わくなしゲーム」でも使っていたように、はじめのゴールは、壁（かべ）や柵（さく）のような大きくてボールがはね返るものがわかりやすいのです。ボールが当たったら得点です。また、得点になってもそのままゲームを続けます。

　そしてゲームは、誰かがボールを投げ入れると始まります。〈コラム１〉で紹介したお祭りのゲームでは、ボールを投げ入れる役になることは名誉なことでした。皇太子や町に功績のあった人などが行うことになっていました。ボールが投げ入れられれば、始めから終わりまで、ゲームがとぎれることはありません。わかりやすくて簡単です。

②ゲームが始まったら、得点になってもとぎれないゲームのルール
[「ボールを投げ入れたらゲーム開始」ルール]
　(i) 誰かがボールを投げ入れて、ゲーム開始。
　(ii) 壁や柵に、当たったら得点。
　(iii) 大きくはね返ったボールをドリブルして、そのまま逆襲できます。
　(iv) ゲームが中断しないから簡単です。

　今日のゲームでは、得点になるとゴールネットでボールが止まってしまうのでゲームを再開させる方法が不可欠です。
　しかし、「壁・柵」ゴールではボールがはね返ってくるので、得点後にゲ

ームを止める方が不自然です。終了するまでゲームが中断しないので、とてもわかりやすいルールです。

(2)「ハーフタイム・ルール」の発見
ーハーフタイム・ルールは、なぜ必要かー

①壁（かべ）、柵（さく）だと大きさや形が全く違う。

例えば壁と柵をサッカーゴールとして使ったゲームをするときには、平行に並んでいるわけでもなく大きさも全く違います。それでもおかまいなしに、小学生は楽しくゲームを行います。ゲームに夢中になってしまうのか、サッカーゴールの不公平はあまり気にしないことが多いのです。

このようなサッカーゴールのとき、どうしたら公平になるでしょう。

[大きさが全く違う「壁・柵ゴール」]

[校庭にあるシュート板]　　　　[花壇の柵]

②ハーフタイム・ルールは、休みを取るためより公平にするために使われる

ハーフタイムをつくって、ゴールを交代するのです。現代の感覚ではハーフタイムは休みを取るためと考えがちですが、実際は公平にするために役立ちます。しかし昔のおとなは、この簡単なことに気がつくまで大変時間がかかりました。次頁（3）「『ハーフタイム・ルール』が発見されるまでの、試行錯誤の歴史」では、ハーフタイム・ルールも大発見だったことがよくわかります。

休むためだけにとっていたハーフタイムに比べて、公平にするためにハー

フタイムが役立っていることに気がつくことが小学生にはとても大切なことです。

(3)「ハーフタイム・ルール」が発見されるまでの、試行錯誤の歴史
　ーハーフタイム・ルールも大発見だったー

　昔のおとなは、試行錯誤の末、今では当たり前になっている「ハーフタイム・ルール」を発見しました。歴史を振り返ってみると、「ハーフタイム・ルール」ができるまでに、ずいぶん奇妙なルールがあったことがわかります。

1.「サイドチェンジ」ルール（1863年）
　ー得点のたびにゴールを交代するルールー

　最初のサッカー・ルールといわれている「フットボール・アソシエーション・ルール」で決められたのが「サイドチェンジ」ルールでした。得点のたびにゴールを交代するという、今から考えると少し慌ただしいルールでした。試合時間ははっきり決められていなくて、2時間、3時間かかるゲームもありました。

　このルールでは、例えばはじめに風上に陣を取ったチームが有利になってしまいます。風上から風下へ向かって攻めれば、風に乗ってボールもよく飛びます。有利な風上の陣で得点をすると、風下の陣に交代になります。しかし、得点されれば、また有利な風上の陣に交代できます。常に先手をとれることになってしまいます。

2.「ハーフタイム5分」が決められた（1871年）

　試合時間が90分、ハーフタイム5分が決められました。しかし、得点のたびにゴールを交代する「サイドチェンジ」ルールは、そのままでした。両チームとも得点がないときだけ、このハーフタイムで陣を交代しました。はじめに風上に陣を取ったチームが有利になるのは、変わりありませんでした。

今、ハーフタイムは10分です。これは、ハーフタイムを取るために出入りにかかる時間を5分とし、合わせて10分としているためです。

3. ゴールを交代するのは、ハーフタイムのときだけになった（1876年）

　ゴールを交代するのは、ハーフタイムのときだけになり今日と同じになりました。ハーフタイムで陣を交代するのは一番シンプルですが、昔のおとなたちは「サイドチェンジ」ルールからなかなか抜け出せなかったのがわかります。

　Ｊリーグやおとなの試合ではゴールの大きさは公平です。しかし、前半に風上か風下のどちらを選択するか、時間の経過にともなって太陽の光などで、キーパーがまぶしくないのはどちらのサイドか、など様々な条件を考慮して、ハーフタイムの陣地交代を考えています。

【3】「ボールをつけたらゲーム開始」ルールの発見
ー得点すると、どうしてゲームを中断するのか？ー

(1)「ゲームの再開とゲームの開始」ルールの発見

①ルールを使いこなした「連続得点」の矛盾

　壁や柵ゴールでは、ボールが投げ入れられたら中断することなく最後までゲームが続けられます。この「壁・柵ゴール」を使いこなすと、新しいルールが必要なことがわかります。おとなのゲームを見なれている児童は、得点になると動きを止めてしまうのです。そのすきを見のがさないで、ボールを小さく何回もゴールに当てる「使いこなし」が出てきます。この使いこなしは、簡単にたくさんの点が取れます。これを「連続得点」といい表すことにします。

　この使いこなしに熟練してくると、得点差が開きすぎゲームがつまらなくなるという「つまずき」が生じます。また、何となくずるい気がします。

どうしたらよいでしょう。公平にするルールが必要です。

② 「ゲームの再開」ルールがはじめにできた

「連続得点」のつまずきを防ぐために、以下のようにルールを決めます。

「得点になったらゲームをいったん止める」ルール

(i) 得点になったらゲームをいったん止め、

(ii) 先にボールを取った方が、

(iii)「×」印にボールをつけたら試合再開

　得点後ゲームを中断するのは、「連続得点」のつまずきを防ぎ、より公平にするためだったのがわかります。そして、線からボールが出たときと同じように「先にボールを取った方」から始めます。「得点された側」からではありません。この方がわかりやすいのです。

　〈コラム1〉シュローヴタイド・フットボールは、「石碑」に3回ボールをつけたら得点で、ゲームは終了します。得点後のゲームの中断は、ありません。「フットボール・アソシエーション・ルール」（1863年）では、ポストとポストの間をボールが通過すれば得点で、得点後にゲームは中断します。しかし「通過すると得点」ルールは、「サッカーゴール」ルールの認識過程の最後に位置する難しいルールです。

　まずは「壁・柵ゴール」にボールが当たったら得点ルールから始めると、思考の流れが途切れません。

③ 「ゲーム開始」ルールの発見

　「ゲームの再開ルール」が発見されると、ゲームの開始にも使えることがわかります。

　『「×」印にボールをつけたらゲーム開始』ルールです。

「誰かがボールをゲーム場に投げ入れたらゲームの開始」ルールより、ボールを投げ入れてゲームを開始する名誉な仕事はなくなりますが、公平でスッキリします。ゲーム場の真ん中にある「×」印は、ゲームの開始、再開に使うことがわかりました。

④「ボールをつける権利」と「ゴールを選ぶ権利」
『「×」印にボールをつけたらゲーム開始』ルールでは、どちらのチームが「×」印にボールをつけてゲームを開始するのかが問題になります。幸いなことに「ハーフタイムルール」が発見されているので、前後半で交代すればよいことになります。

また「壁、柵サッカーゴール」では、ゴールの大きさ、形状がかなり違うので、どちら側のゴールを選択するかは大事な作戦です。ゲーム開始時におけるこの両者の選択を合理的に解決したのが、今日行われているやり方です。

つまりゲーム開始時に主審のコイントスで、「ボールをつける権利」「ゴールを選ぶ権利」それぞれどちらを選ぶか両チームのキャプテンが決め、ゲームが開始されます。後半開始のときは、「ゴール」と「ゲーム後半開始のボールをつける権利」を前半開始時と交代すると公平になります。

(2)「○（センターサークル）」の発見
－ゲーム開始に伴う攻防の激化－

①ボールをつけるときの「使いこなし」
「×」印にボールをつけたらゲーム開始ルールにみんなが慣れてくると、「×」印に「ボールをつけようとしたらみんなに手や足を蹴られた、このような「使いこなし」の「つまずき」が生じてきます。

ボールを横どりしようとして、「×」印の周りにはたくさんの児童が群れ集まります。「×」印にボールをつけるかつけないかの瞬間にたくさんの足

47

がボールを蹴りに来ます。これでは安心してゲームを再開することができません。

さてどうしたらよいでしょう。

②「○（センターサークル）」の中には、相手側は入れない
ー手や足を蹴られないよう守るためー

そんなときは、『ボールを「×」印につけるまで、「○（センターサークル）」の中に相手側は入れない』ルールにすれば解決します。

「○（センターサークル）」は、手や足を蹴られないように、落ち着いてゲームを再開できるようにするものだったのです。

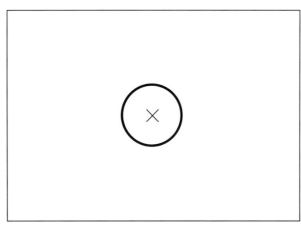

〔「○（センターサークル）」（太線分）の中に相手側は入れない〕

【4】「ボールを蹴ったらゲーム開始」ルールの発見
ーゲーム開始を落ち着いて行いたいー

(1)「ボールをつけたら」から、「ボールを蹴ったら」への「使いこなし」

①「ボールをたたきつけて」攻め込む

得点後にボールを取った者が、相手陣めがけて「×」印にボールをたたき「つけて」攻めていく、「使いこなし」があります。

またボールを「×」印に付けた人が、そのままボールと一緒に相手陣にドリブル突進していく「使いこなし」もあります。ルールを使いこなした、うまいプレーです。
　しかし、両者とも相手側にとっては、何となくずるく感じられます。
　どうしたらよいでしょう。

②「ボールをつける」のでなく、「ボールを置いてから蹴る」ルールの発見
　ーより落ち着いて、公平なゲームの開始、再開の仕方ー

　「ボールをたたきつけて」攻め込んだり、「ボールをつけた人が、そのままボールと一緒にドリブル突進して」攻め込む使いこなしは、不公平さが残り、落ち着いたゲームの展開になりません。
　このようなときは、
　(i)「ボールを『×』印につけるのでなく、『×』印にボールを置いて、そのボールが蹴られたらゲームが始まる」ルール
にすれば解決します。
　また「ボールの投げ入れ」ルールと同じように、
　(ii)「ボールを蹴ってゲームを始めた人は、他の人が次にボールにさわらなければ、続けてボールに触れることはできない」ルール
にすれば、ボールを蹴ってそのまま突進ということもなくなります。
　「ハーフウェーライン（真ん中の線）」が発見されたら、ゲームの開始、再開のときは
　(iii) 相手陣に向かってボールを蹴る
ことにします。キックオフの際相手陣に向かってボールを蹴ることは、1883年のルールに明記されました。
　さらに、「ボールを先に取った者」がゲームを再開するのでなく、
　(iv)「得点された側」がゲームを再開する
　にすればさらに公平になり、今日とほとんど同じルールになります。

49

(2)ボールがどれだけ動いたら再開になるのか
ーゲームを始めるとき、なぜチョコンとだけボールを転がすの?ー

「ボールをつけたら開始」ルールから「ボールを置いて、蹴ったら開始」ルールになると、ボールがどれだけ動いたらゲームが始まりになるのか、を決める必要が出てきます。

①相手陣に大きく蹴り込んだら、ゲーム開始
ーパスが発見されていなかった時代ー

サッカーの歴史における初期には、おとなのサッカーでも「パス」という考え方がありませんでした。したがってゲームの開始は、現代行われているラグビーと同じように、相手陣に大きくボールを蹴り込んで落下地点に皆でなだれ込む、というやり方になるでしょう。その後、蹴り込まれたボールを中心にして、選手たちがお互いにひとかたまりになってボールをはこぶやり方（マスドリブル戦法）です。ですから、ボールがどれだけ動いたら開始になるのか、あまり深く考える必要はなかったでしょう。

②「ボールの円周分の長さだけボールが動けば、ゲーム開始」ルール
ーゲームの開始に、パスを使うようになったー

〈コラム６〉『「パス」も大発見だった』の中に書かれている《コンビネーションパス戦法》の時代に、オフサイド・ルールの変化と技術の進歩によって「パス」が発見されました。せっかく自分たちのボールから始めるのに、相手陣の方にボールを大きく蹴り込むと、相手にボールをとられてしまうこともあります。そのため「パス」をゲームの始め方にとり入れ、相手にボールを取られないように工夫したのです。それが、「ボールの円周分の長さだけボールが動けば、ゲーム開始」ルールです。ゲームを始めるとき、チョコンとボールを転がすように見えるのは、ボールの円周分の長さだけボールを

50

動かしていたのです。相手陣にボールを蹴っても、この長さなら横取りされる心配はありません。

③「キックオフの際、ボールはどの方向に蹴ってもよい」ルールへ
－133年ぶりの激変－

　2016年に「キックオフの際、ボールはどの方向に蹴ってもよい」というルール変更が行われ、キックオフ時にバックパスが可能になりました。

　1883年に「キックオフは、相手のゴールラインの方向に蹴る」が明記されて以来、キックオフは必ず相手陣に向かって蹴らなければならなかったので大きな変更です。

　ゲームを始めるとき、チョコンとだけボールを転がすのが見られなくなるのは、古くからのサッカー好きにとっては少し寂しいものがあります。しかしこの変更により、キックオフの方法がより洗練され、簡潔になりました。

コラム6　「パス」も大発見だった

　パス、中でもショートパスを駆使して相手守備を崩し得点をねらうことは、今日では当たり前のことになっています。しかし今日の「パス」は、パスとはとうてい思えないようなものから始まって、歴史的につくりあげられてきました。みなさんがよく知っている「パス」は、《コンビネーションパス戦法》の中でも「ショートパス戦法」の時代、戦法の歴史の最後の段階になってようやく確立されたものです。「パス」も、つい最近の大発見だったのです。

❶「マスドリブル戦法」と「パス」の発生
ーパスのはじめ「ポロ→シュート」の発生ー

　ボールを横か後ろにしか出せない初期のルールでは、前進にはドリブルが中心になりました。選手たちが互いにひとかたまりになりボールを運ぶ「マスドリブル」戦法と呼ばれる方法です。ドリブルすれば皆がボールに群れ集まります。するとときどきボールが、密集から少し離れたところに偶然いる者の前にポロッとこぼれ落ちることがあります。周りには誰もいないので得点できます。これがパスのはじめ「ポロ→シュート」の発生です。小学生の低学年のゲームでは、「マスドリブル」や「ポロ→シュート」がよく見られます。そして、先生に「ダンゴになるな！」と注意されます。

　このパスは、今日の「ドリブルで相手守備陣を引きつけて、守備の手薄になった味方にパスして得点をねらう」方法に引き継がれていると考えます。サッカー王国ブラジルでは、「パスしかできない者にドリブルを教えることは難しい。ドリブルしかできない者にパスを教えるのはやさしい」という言葉があるそうです。ドリブルの上手な選手は、相手守備陣を引きつけられるので効果的なパスができます。しかしパスしかできない選手は、相手にとって得点される怖さが少なく相手守備陣も余裕を持って対応できます。そのため効果的なパスも出せないという意味に理解できます。

（マスドリブル戦法）

　唯一戦術らしいものといえば、「バックアップ」といって、ドリブルする選手の後ろにつづき、こぼれたボールを受け敵をおしのけ、じゃますることでした。

　そしてサッカーゴールは二本の長い棒が平行に立っているだけです（「(2 いろいろなサッカーゴールとその得点方法)」（p37）参照）。ゴールキーパーもまだいませんでした。

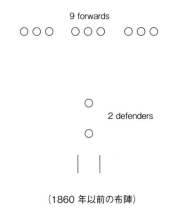

（1860年以前の布陣）

❷「キックアンドラッシュ戦法」と「オープンスペース」の発見

「三人制オフサイドルール」によりボールを前にも渡せるようになりました。

味方バックスが大きく蹴り入れ（kick）たボールに、フォワード数人が突進（rush）していって相手と競り勝ってボールを奪い、ドリブルシュートの形で得点をねらいました。

「マスドリブル」では発見できなかった、原初的な「オープンスペース」をここで発見しました。しかしこの攻撃方法は、その結果ボールがどちらに渡るかわからないという決定的な欠点を持っていました。

（マスドリブルからコンビネーションプレーの始まりへ）

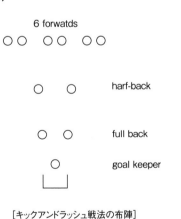

［キックアンドラッシュ戦法の布陣］
（1875年頃の布陣）

ドリブルが中心だった戦法からいわゆるコンビネーション・プレーの始まりともいえる、キックアンドラッシュ戦法に進みました。

またこの頃2本のゴールポストにゴールバーが加えられ、ゴールキーパーも誕生しました。

❸コンビネーションパス戦法と「パス」の発見
(i)「ロングパス戦法」
ー「ロングパス」で相手陣に効率よく攻め込むー

相手陣深く潜入している味方に意図的なロングパスやサイドチェンジのためのロングパスを送り、効果的に相手ゴールに攻め入ることをねらう戦法です。「キックアンドラッシュ」の偶然の幸運に頼った攻撃から、「ダンゴ」状態の集団を避けて、空いた地域にいる味方にある程度正確にボールが渡せる攻撃ができるようになりました。

今日では、劣勢になったゲーム終了直前に、相手ゴール近くに自陣側からロングパスを送り攻め込む攻撃方法等にこの時期のやり方の名残が見られると思います。昔のイングランドチームは、普段からゴール前へのロングパス攻撃を好みました。ロングパスからのゴール前のフォワードとディフェンスの激しいぶつかり合いは、イングランド観衆の熱い支持がありました。しかしこの攻撃方法は、ワールドカップ等の国際試合では、なかなかよい結果が得られなかったようです。

（多和健雄「サッカーのコーチング」大修館・1978年・P96～108参照）

(最も初歩的なコンビネーションパス)

　ピラミッドの形に似ているため「ピラミッドシステム」と呼ばれた陣形は、「三人制オフサイド・ルール」の下では完成形とされ、約40年にわたって当時のサッカー界を風靡した布陣でした。しかしその結果として、得点やゲームのおもしろさの減少が顕著となり、「二人制オフサイド」へルールが変更されました。

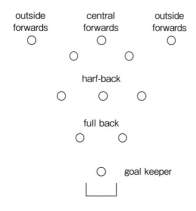

[ロングパス戦法の布陣]
（1883年頃のピラミッドシステム）

(ii)「ショートパス戦法」
ー「ショートパス」で相手守備陣を突破する戦法の確立ー

　「二人制オフサイド・ルール」に変更されたことにより、ショートパスの基本となる「三角パス」「壁パス」等が使えるようになりました。ショートパスで相手の守備陣と守備ラインを崩し、突破することがこの段階でようやくできるようになりました。多くの人がイメージする「パス」が、この段階になってようやく発見されたといえます。守備陣や守備ラインが整い、攻撃陣へのマークがキッチリできていればいるほど「ショートパス戦法」は威力を発揮します。ワールドカップ中継等でも、国際レベルにある屈強で堅固な守備陣が「三角パス」「壁パス」などで易々と崩されるのを見ることがあります。

(近代サッカーの誕生)

　キックやボールを止める技術の進歩、ドリブルの正確なプレー等でスピーディーで変化のある対応ができるようになりました。意図的なロングパスとショートパスを駆使して攻め込みます。

　ショートパス戦法の初期に流行した「W・Mシステム」は、お互いの布陣が一対一でぶつかり合うために、一人で一人を防ぐマンツーマンの概念が生まれました。

（注）システムの図は、多和健雄『サッカーのコーチング』大修館書店 1978年 引用

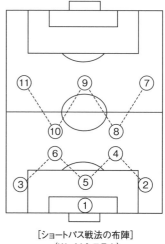

[ショートパス戦法の布陣]
（W・Mシステム）

【5】「現代サッカーゴール（ゴールネットつきゴール）」の発見
－現代のサッカーゴールをどう使いこなすか－

(1) 校庭等に備え付けられた本格サッカーゴールのわかりやすい使い方
－ゴールネット（あみ）にボールを当てたら得点－

　校庭等にあるサッカーゴールを使いたいときは、「ゴールネット（あみ）にボールを当てたら得点」ルールにすると、ボールははね返ってきませんが、「壁（かべ）や柵（さく）にぶつけたら得点」ルールと同じになります。審判がいないと判断が難しい、「ボールが、ゴールラインを越えると得点」ルールは、使わなくてもゲームができるようになります。

　おとなのサッカーや地域のサッカー少年団などで使われる「ボールが、ゴールラインを越えると得点」ルールと「ゴールネット（あみ）にボールを当てたら得点」ルールは、状況によって使い分ければよいだけです。

(2) 練習形式の中に残る「つけたら得点」ルール
－ボールを地面につけたら得点－

　ラグビーのトライは、ボールを持って線を越え、手で地面にボールを「つけたら得点」になります。「ボールが線を越えたら得点」よりもわかりやすいです。

　じつは、サッカーの練習形式の中に「つけたら得点」ルールは残っています。「当てたら得点」ルールと同様にわかりやすいのです。その一例を紹介します。

相手を抜く技術の練習

　相手を抜いてボールを足で得点ゾー

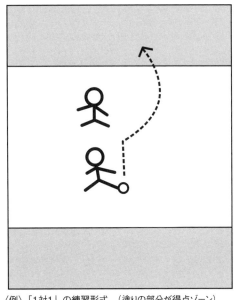

〈例〉「1対1」の練習形式　（塗りの部分が得点ゾーン）

55

ンに「つけたら得点」。得点した者が、逆方向にまた攻める。相手がボールを奪い返したら、攻守が入れ替わる。決められた時間内に多く点を取った者が勝ち、という練習形式です。

コラム7　ウィール・クーバー（オランダ）と「攻撃サッカー」

（あ）「ぶつけたら得点」のサッカーゴール

オランダのウィール・クーバー著『ウィール・クーバーの攻撃サッカー』には、練習用にですが下図のような形のサッカーゴールが使われています。「ぶつけたら得点」ですからわかりやすいです。

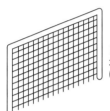

「攻撃サッカー」で使われるサッカーゴール　ゴールネット（あみ）にボールを当てたら得点

（い）クライフ・ターンとクーバー・コーチング

ワールドカップ・西ドイツ大会（1974年）決勝西ドイツ対オランダ戦もリアルタイムで見ることができました。「トータル・フットボール」クライフ（オランダ）と「リベロ」ベッケンバウアー（西ドイツ）の対決といわれていました。そのクライフの発明した「クライフ・ターン」は、今では当たり前の技術として子どもでも使いこなしています。この技術を知ったのも「攻撃サッカー」でした。

連続写真で説明された本でしたが、購入した当時日本にはフェイント等ボール扱いの技術はほとんど紹介されておらず、その技術のイメージが全くわかりませんでした。本に付属して販売されていた非常に高価なビデオを買ってようやく理解できました。その内容は衝撃的で、「この練習方法をもっと早く知っていればクライフになれたのに！」と思わされた素晴らしい練習方法で、夢のような世界に思われました。ところが今では日本各地に「クーバー学校」があるようです。羨ましいのと同時に練習方法の進歩の早さに驚いています。

（う）上達は、突然やって来る

小学生数人と毎朝サッカーの練習ができる機会があり、拙いながらクーバー練習方法を試してみました。クーバーのフェイントを練習してミニゲームをするという簡素な形式でした。小学校2、3、4年まで練習でフェイントの形はできたものの、ゲームの中では全く使えませんでした。ところが四年生の終わり頃に突然シザース、ダブルシザース等クーバーのフェイントがミニゲームの中で使える児童が現れました。大学の心理学で習った、発達は坂状でなく階段状に現れることを実感した出来事でした。2、3、4年の間に進歩はなくとも力を蓄え（心理学用語にあるプラトーの時代）、4年の終わりに練習の成果が開花したのです。「練習でできる」と「ゲームで使いこなせる」には大差があります。

「努力すれば少しずつ上達する」考え方は、挫折の原因になると考えます。「進歩はなくとも力を蓄えている」「突然できるようになる（階段状に進歩する）」と考えた方が、現実に即した挫折しない方法のようです。

【6】使いこなしから生まれたサッカーゴールの発見物語
ーサッカーゴールを理解する順番（認識過程）ー

1.「壁、柵などにボールが当たったら得点」ルールの発見

　壁、柵などボールがはね返るものをサッカーゴールにします。壁、柵などにボールが当たったら得点です。

　誰かがボールを投げ入れたらゲーム開始、終了までゲームは中断しません。

2.「ハーフタイム」ルールの発見

　壁、柵ゴールは、大きさ、形、向き等がばらばらで不公平になります。そこで、ハーフタイムをつくり、そのときにサッカーゴールを交代すると公平になることが発見できます。

3.「連続得点」の使いこなし

　壁、柵ゴールではね返ったボールを、細かく何回もはね返らせると大量得点ができることが発見できます。これを「連続得点」といい表しておきます。

4.「×」印ルールの発見

　「連続得点」は不公平感が残ります。「連続得点」の不公平をなくすためには、得点になったら「先にボールを取った者」が「×」印に「ボールをつけたら」ゲーム再開ルール、にすると連続得点ができなくなり矛盾が解決します。

5.「ゲームの開始」ルール

　ゲームの開始は、「ゲームの再開」ルールを使えば簡単に応用できます。

　「誰かがボールを投げ入れたらゲーム開始」ルールでなく、「ゲームの再開」ルールを応用すればより洗練されたルールになります。

6.「○」(センターサークル) の発見

得点後、「先にボールを取った者」が「×」印にボールをつけようとすると、相手チームがボールの周りに群がり、手や足を蹴られる「使いこなし」が多くなります。そのため、「×」印にボールをつけるまでは、相手チームの者は「○」印の中には入れないルールにします。

7.「ボールを蹴ったら再開」ルールの発見

得点後、「先にボールを取った者」が「×」印にボールをたたきつけて、相手陣に攻め込む「使いこなし」が出てきます。そのため、「ボールをつける」のではなく、「『×』印に置いたボールを蹴ったらゲーム再開」「ボールを蹴った者は続けてボールにはさわれない」とします。そうすれば「ボールをたたきつけて」攻め込む等はできません。より洗練され、落ち着いたゲーム再開ができます。

8.「得点された側がボールを蹴ったら再開」ルールの発見

得点後「先にボールを取った者」でなく、「得点された側」が「×」印に置いたボールを蹴ったらゲーム開始にすると、より公平で洗練されたルールになります。

【7】「サッカーゴール」ルールに関係する、使いこなせるようになったライン

　ゲーム場（ピッチ）の中にある「×」印と「○」印は、ゲームの再開、開始に必要なラインだということがわかりました。

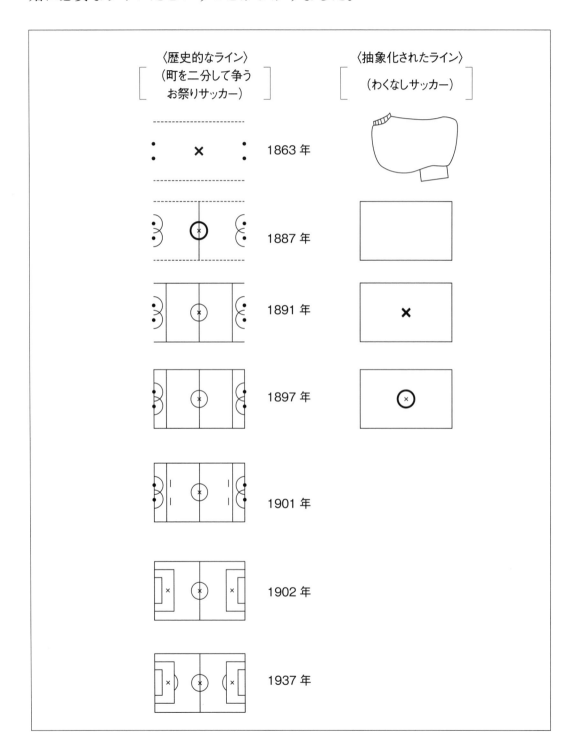

第三章

「ゴールキーパー」
ルールの発見

「ゴールキーパー」ルールに関係するライン

　「ゴールキーパー」ルールに関係するラインは、太線で示したゲーム場の真ん中にある線とサッカーゴール前に描かれた長方形です。

　これらのラインを手がかりにして、「ゴールキーパー」がどのように誕生してきたのかを確かめてみましょう。

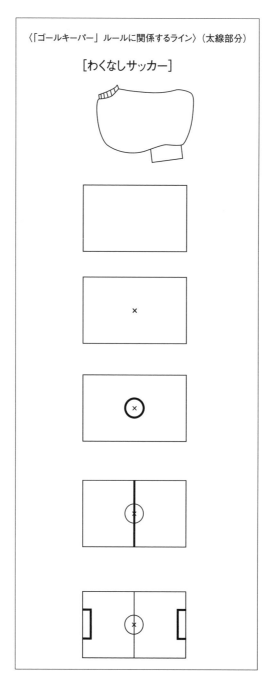

【1】「ゴールキーパー」の発見
ーゴールキーパーは、いつ誕生したのかー

(1) 浮き上がったボールが怖い！
① 「ボールが、腰ぐらいから上に浮き上がったときどうしますか」のアンケート調査　（注）

(注)　福田純　「児童のヘディング技術における発たち的特徴の研究」　第59回体育学会　2008年

［アンケート調査の方法］
　（ア）小学校1年〜6年を対象にサッカーの授業後、全児童計226人に無記名のアンケート調査を実施しました。
　（イ）頭部を使ってもボールを処理できることがわかる程度のヘディング練習をした後にゲームを行いました。
　（ウ）浮き上がったボールは、手ではたき落としてもよいというルールで実施しました。

［アンケート結果］
（ⅰ）ボールが浮き上がったときどうするかと聞かれて、サッカーが得意な児童の中の30％、どちらともいえない児童の中の26％、苦手な児童の中の31％、三者に共通して割合が高かったのは、「ボールが下に落ちるまで待つ」でした。
（ⅱ）全児童の中の50％が、ヘディング練習は上手にできたと答えているにもかかわらず、ヘディングをたくさん使えたのは全児童の中の6％でした。また、全児童の中の19％が手をたくさん使えたと答えています。残りの児童75％は手もヘディングも全く使えていないと答えています。
（ⅲ）全児童の中の81％は、ボールが頭の高さぐらい浮き上がったことがないと答えていて、浮き上がったボールにあまり関心が向かない発達段階なの

か、浮き上がったボールを蹴る（処理する）ことができる技術段階にないと考えられます。

(ⅳ) ヘディングが怖いと答えているのは、サッカーが得意な児童中の4％、どちらともいえない児童の中の7％、苦手な児童の中の43％、全児童の中の12％でした。

　怖いと答えた児童のほとんどは、高学年の児童でした。

②ドリブル戦法期の特徴
－ボールが浮き上がらないし、空中にあるボールを処理する必要もないゲーム展開－

　「ドリブル戦法期」は、ドリブル中心でボールもあまり浮き上がらないし、空中にあるボールを処理する必要もないゲームになります。アンケート結果は、児童の発達段階が「ドリブル戦法期」にあることを示していると考えます。浮き上がったボールをどうしたらよいかわからず困っているし、ボールが浮き上がると怖いと感じている児童も多いのです。

　サッカーの歴史では、「どのような理由があろうとボールを手で扱うことを禁止」（1868年）されたことにより、これまで必要のなかった浮き上がったボールを扱う技術の必要性が生じました。そして、空中を使う代表的技術の「ヘディング」が発見されたのは、ドリブル戦法期から次の段階に発展したキックアンドラッシュ戦法期になってからです。

(2)「浮き上がったボールは、手ではたき落としてよい」
－歴史の記憶を呼び覚ますルール－

①全員がゴールキーパーだったゲーム

　ゴールキーパーに関する「歴史の記憶を呼び覚ますルール」は、「浮き上がったボールは、手を使ってはたき落としてもOK。ただし、持って

はいけない。転がってきたボールは、ひろいあげてはいけない。」
ルールです。

　小学校体育のゲームでは、技術的な未熟さからボールが腰の高さより上に浮き上がることは少ないです。また、ボールが浮き上がるとどうしてよいかわからずに困ってしまったり、怖がってボールから逃げることもあります。

　ですから、ゲームに全員が気楽に参加できるように、このようなルールでゲームをすることが、小学校では多いのです。このルールだと全員が気軽に参加できます。

　現代のサッカーを見ていると信じられないことですが、サッカー・ルールがはじめて成文化された1863年頃は、浮き上がったボールは誰もが手を使って処理していたのです。つまり、全員がゴールキーパーだったゲームの時代ともいえます。

② 1863年（ドリブル戦法期）頃の、手を使って浮き上がったボールを処理する方法

(ⅰ)「フェアーキャッチ」

　相手に触れたボール、あるいは相手の蹴ったボールが地面に落ちる前にキャッチされ（フェアーキャッチ）、ただちに踵で地面にマークすれば、相手の妨害なしにボールを蹴るフリーキックの権利が与えられました。フェアーキャッチ・ルールは、ラグビーにまだ生き残っています。

(ⅱ)「ワンバウンド・ボール」

　最初のバウンドのボールをキャッチしたときは、ボールを投げてもよいし、他のプレーヤーにパスしてもよかったのです。

　このルールは、1866年に廃止され、1868年には「どのような理由があろうとボールを手で扱うことの禁止」ルールが決められます。

　小学生と同様に、この当時は技術的にも戦術的にも「浮き上がったボール」

を処理できる発展段階に達していなかったといえます。

　この時期ゴールキーパーは存在せず、いってみれば全員がキーパーだったということです。手を使ってもよいとした小学校のルールは、歴史的な発展の順番からも正しかったのです。

(3) ゴールキーパーは、誰だ!
ーゴールキーパー誕生のひみつー

　全員がゴールキーパーの時代から、どのようにして「ゴールキーパー」が誕生したのか考えてみましょう。

①長方形のゲーム場には、大きくて不揃いな壁や柵のサッカーゴールは不向き

　不定形のゲーム場では、「壁・柵ゴール」が使われました。大きな壁（かべ）や広い柵（さく）では、ゴールが広すぎ、大きすぎて、仮にゴールキーパーがいてもほとんど役立ちませんでした。ですからこのようなゴールでは、ゴールキーパーは必要ありませんでした。

　「ゴールライン」「タッチライン」が整理された長方形のゲーム場に進化すると、サッカーゴールも発展、洗練され、公平、平等な今普通に使われている形に必然的に変わっていきます。そしてゴールキーパーの必要性が準備されます。

②適度な大きさの現代のサッカーゴールになって、ゴールキーパーが誕生した

　正式のサッカーゴールを使う段階になると、大きさも適当になり活躍できる可能性が広がります。そこで、長方形のゲーム場に備えつけられたサッカーゴールを使ってゲームする段階になったら、ボールをはたき落とすだけでなく、手で持ったり、ひろい上げたりできる「一人ゴールキーパー」をつくることにします。シュートされたボールを、キーパーがみごとにキャッチして得点を防ぐと、かっこいいし楽しくなります。

『一人キーパーのルール』
　（ⅰ）キーパーは1名。「わく」（ゲーム場）の中ならどこでも手が使える。
　（ⅱ）転がってきたり、浮き上がったボールを手で持ってもよい。
　（ⅲ）手でボールを持ったら、その場所から「投げる」か「蹴る」とする。
　（ⅳ）手で持ったボールで直接得点はできない。

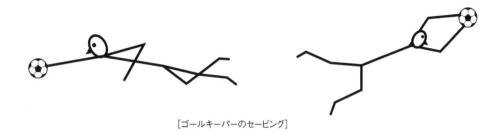

［ゴールキーパーのセービング］

(4) キーパーが誕生するまでの、試行錯誤を含んだ歴史

　サッカーゴールが小さくなって、ゴールキーパーが誕生しました。
（図の塗りの部分をボールが通過すると、得点になります。）

1. 1863年、2本の垂直な棒が、サッカーゴール

　最初のサッカーゴールは、塗りの部分が得点範囲（2本のポールの延長線上の空間を含む）でした。得点になる範囲が広すぎて、キーパーを置く必要がありませんでした。また、全員手でボールを扱うことができたので、みんながゴールキーパーともいえます。これは、「壁、柵ゴール」と同種のサッカーゴールです。

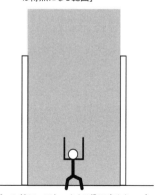

［2本のポールの延長線上の空間は得点になる範囲］

2. 1866年、2本の垂直な棒の地上8フィートのところにテープをはる

　バーができ、サッカーゴールの大きさが小さく

「ゴール前にいても、あまり役に立たない。」

なり、キーパーの必要性が準備されました。2本の垂直な棒と棒の距離（サッカーゴールの横幅）に変化はありません。この年、「フェアーキャッチ」ルールが廃止されています。

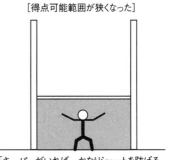

3. 1871年、一人ゴールキーパーが誕生した

1868年に、どのような理由があろうとボールを手で扱うことが禁止されます。

1871年、ゴールキーパーの誕生です。

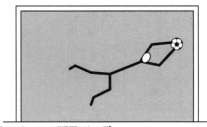

【2】ゴールキーパーの隠れていた役割の発見
― 誰もやりたがらないゴールキーパーが、スーパースターへ変身 ―

①ゴールキーパーの本来の役割の発見
　― キーパーも自由に動けるし、シュートもできる ―

　日本の小学生がキーパーをあまりやりたがらないのは、ゴール前にいて守るだけというイメージが強いのも一つの大きな要因です。

　そこで、「ゴールキーパーの手の使える範囲の歴史」にしたがって、以下のように発展させると、ゲーム場を自由に動きまわる新しいゴールキーパー像ができてきます。

　（ⅰ）ゴールキーパーは、ゲーム場（ピッチ）全面で手が使える。
　（ⅱ）ゴールキーパーは、ハーフウェーラインから自陣内だけで手が使える。
　（ⅲ）ゴールキーパーは、ペナルティーエリア内だけで手が使える。

　ゴールキーパーがボールを持てる範囲をはじめに小さく決めてしまうと、ゴールキーパーはそこから出てはいけない、攻める人はそこには入ってはいけないという思い違いが多くなります。Jリーグのキーパーでも、コーナー

キックのときに相手ゴールまで攻め上がるときがあります。手を使わなければ、プロのゲームでもキーパーが攻め上がってもかまわないのです。

②ゴールキーパーは、スーパースターになった

キーパーの手の使える範囲をだんだん狭くしていく方法にすると、つまずきや思い違いが減り、ゴールキーパーが楽しくなります。

「ぼくは、サッカーのときはいつもキーパーです。ぼくはすきでキーパーをやっています。一ばん最初は、きらいでした。なぜかというと、とるだけでシュートできないと思っていました。でもキーパーがシュートしてもいいと聞いて、ぼくはキーパーが好きになりました。今では、キーパーをやっています。ときどき、点が入ってしまうけれども、だいたい見のがしません。このごろは、おもしろくて　おもしろくて　おもしろくて楽しいです。もっとつづけたいです。」(4年男子)

③スーパースターは、二人もいらない

小学生のゲームを観察していると、キーパーがなぜ一人なのかという理由がわかってきました。

「キーパーは、どこでもボールを持ってよい」ルール
にすると、運動の得意な子が、キーパーになりたがるようになります。そして、ボールを「独り占め」することも多くなります。さらにキーパーを二人以上つくれば、そのキーパーどうしでパスし合ったりして、他の者がほとんどボールにさわれなくなったりすることも多くなり、つまらないゲームになります。だからキーパーは、一人なのです。

コラム8　ドリブルで攻め上がった、自由奔放なゴールキーパー
―レネ・イギータ（コロンビア）―

　わくの中全体で手を使えるルールでのキーパーは、小学校レベルでは自由にかけまわることができ、大活躍できます。しかしレベルが高くなればなるほど、すきを見せればすぐにシュートが飛んでくるので、キーパーはゴール前から離れられなくなります。

(あ)「"王様" ペレの超ロングシュート」
―1970年第9回ワールドカップ・メキシコ大会　ブラジル対チェコスロバキア戦―

　ブラジル代表ペレ選手は、キーパーがサッカーゴールより前に出過ぎているのを見抜いて、ハーフウェーライン付近から突然シュートしました。ボールはキーパーの頭上を越えて、ゴールのわずか横を抜けていきました。わくの中だったら、意表を突かれたキーパーは何もできないまま得点になっていたでしょう。

　この例のように、レベルが高くなればなるほど、ゴールキーパーはサッカーゴールの前を離れられず、注意を集中し続けなければならなくなります。

(い) 小学生のように自由なキーパー、レネ・イギータ（コロンビア）
―1990年ワールドカップ・イタリア大会　コロンビア対カメルーン戦―

　「ペレの超ロングシュート」の例からわかるように、ゴールキーパーは、レベルが高くなればなるほどサッカーゴールの前から離れられなくなります。

　しかし、小学生のように自由に動き回るゴールキーパーのプレーを、ワールドカップレベルの高い次元で表現してくれたのが、レネ・イギータ（コロンビア代表）です。自陣ゴールを空けゴールエリア外に飛び出し、ゴール近くへの攻撃側のパスを奪ったり、ドリブルで攻め上がり味方にパスするような驚くべき自由なプレーを見せてくれました。しかし、1990年ワールドカップ・イタリア大会の対カメルーン戦、ロジェ・ミラ（カメルーン代表）をドリブルでかわそうとして逆にボールを奪われそのまま得点されてしまう、まるで小学生のような失敗もしました。

　いろいろな意味で楽しくてワクワクさせてくれるキーパーでした。

(う) ドイツ代表ゴールキーパー、マヌエル・ノイアー選手
―2014年ワールドカップ・ブラジル大会―

　2014年ブラジルワールドカップで優勝したドイツ代表ゴールキーパー、マヌエル・ノイアー選手は、イギータ選手のプレーをより洗練させ安定した形で全世界の人々に見せてくれました。ゴールエリアを出てプレーすることを恐れず、フィールド選手のようにDFラインの裏の広大なスペースをカバーしたと評価されています。それはまるで自由奔放に動きまわる大きな小学生のようでした。これからもどんな素晴らしいゴールキーパーが現れるか、楽しみが増します。

70

【3】「ハーフウェーライン（真ん中の線）」の発見
ーキーパーが手を使うと、活躍しすぎるー

①「ハーフウェーライン」は、相手陣と自分の陣を分ける線

　競技場の真ん中にある線は、正式には「ハーフウェーライン」といいます。とりあえずここでは、「真ん中の線」としておきます。真ん中の線は、相手陣と自分の陣を分ける線です。なぜ分ける必要があるのでしょう。

②キーパーは、自分のゴールを守るためにだけボールを持ってよい

　キーパーは、攻めでも守りでも手でボールを持ってよいので、とても有利です。だから大活躍できます。でも何となく不公平だしキーパーがボールを独占することも多くなり、ゲームがつまらなくなる「つまずき」が起こります。そこで、「キーパーは、自分のゴールを守るために手でボールを持ってよい。攻めるために手でボールを持つのは不公平」という理由から、真ん中の線をさかいに自分の陣だけで手を使いなさい、ということを表す線だったのです。

　また、後で説明するオフサイドルールも、相手陣と自分の陣を分ける線が必要になります。

③真ん中の線が引かれて、つまずく小学生

真ん中に線を引いただけでつまずく子がいます。

　「私は、まんなかのせんはないほうがいいと思いました。キーパーが、まだまんなかのせんになれていないのか、A君（キーパー）がミスしました。私は、そのせんを見ると、なんか、ドッジボールのせんみたいにせんから出てはいけないような気がしましたが、思いなおしててきのじんちへ入りました。」（4年女子）

　「今日、まん中のせんをつけたら、なんか、キーパーをやりたくなくな

った。手がつかえるのがみかたのじんちだけで、まもってるだけみたいだから。」（4年男子）

　ボールを手でもってよいのが味方の陣地だけだということなので、ボールを持たなければ相手陣に攻めていくのは自由なのです。しかし、「まもってるだけみたい」に感じる子がいるのです。

　真ん中の線に新しい役割を見つけた子もいます。

　　「まんなかの線は、やりはじめのばしょだから一つのやくめだと思った」4年男子）

　一本の線でもたくさんの意味を持っていることが、真ん中の線においても再認識させられました。また、一本の線にもこんなにもいろいろなことを感じるのだなと驚かされもしました。

【4】「ゴールエリア」の発見
ーゴールキーパーを守れ!ー
(1) スーパースター、ゴールキーパーの矛盾
①ゴールキーパーがボールを独り占め

　「ゴールキーパーは、どこでも手が使える」ルールにすると、上手と思われている者がキーパーになることが多くなります。そして、キーパーを一人にしても、手でボールを持つことができるので、ボールを独り占めにすることが多くなります。キーパー以外の他の子はどうすることもできず、ただ見ているだけしかできないことも増えます。真ん中の線（ハーフウェーライン）をつくってキーパーの手の使える範囲を自陣内に限定しても、ボールを独り占めにすることは変わりません。

　このような「つまずき」は、どうしたらよいでしょう。考えてみてください。これまで使ってきたルールをうまく生かして、使いこなせばよいのです。

②「はたき落とし作戦」
ーゴールキーパーの持っているボールを、はたき落とせー

　ゴールキーパーのボール独り占めには、
「浮き上がったボールは、手ではたき落としてよい」ルールを上手につかいます。つまり、キーパーが独り占めにして抱えているボールを「浮き上がったボール」とみなして、みんなではたき落としにいくのです。もちろん腕や体をたたいてはいけません。
「キーパーの持ってるボールも、はたき落としていいよ。」
といったとたんに、今までつまらなそうにしていた小学生が、キーパーの周りに群がり寄りました。キーパーはすぐにボールを離さざるをえなくなり、再びボールがいろいろなところに動いて、生き生きとしたゲームに戻ります。このルールはよく理解できたのか、キーパーの周りはボールをはたこうとする子どもでいっぱいになります。

③ゴールが落ち着いて守れない
ーサッカーゴールの前で、ボールをはたき落とさないでー

　ところが、自分のゴールの前で持っているボールをみんなに囲まれてはたかれると、キーパーは落ち着いてゴールを守ることができなくなります。そしてすぐに得点されることも多くなり、またゲームがつまらなくなる「つまずき」が生じます。

　歴史的にも1893年までは、攻めている選手がキーパーのじゃまをしたり、シュートする仲間のために、キーパーの足をはらってじゃますることは戦術として認められていました。ビックリですね。キーパーが、何となく可哀想になります。

(2) ゴールエリアの発見
①ゴールキーパーを特別に保護する場所がゴールエリア
ー「キーパー・チャージ」の反則ー

「ゴールエリア」は、「はたき落とし作戦」などからゴールキーパーを特別に守る場所です。ゴールエリア内では、ゴールキーパーのボールをはたいたり、じゃましたりしてはいけないのです。ゴールエリア内でキーパーにチャージ（乱暴、危険な方法で相手に接触する）することは、「キーパー・チャージ」の反則になります。「ゴールキックは、ゴールエリア内から蹴る」ルールから、ゴールエリアに新たな意味がつけ加わりました。

②ゴールキーパーを特別に保護するルールがなくなった
ー「キーパー・チャージ」の反則が消えた（1997年）ー
　1997年にゴールエリア内でのキーパー保護を目的とした「キーパー・チャージ」という反則に関する項目が消えて、フィールドプレーヤーと同じ扱いになりました。ただし、ゴールキーパーは手でボールに触れボールをゴールに入れさせない役割を担っています。そのため、ゴールをねらいにくる選手とのボディコンタクトに対して、無防備になってしまうことがしばしばあります。このため、キーパー・チャージがなくなった現在でも、キーパーに対するファウルは厳しくとられる傾向があります。

③ゴールエリアの試行錯誤を含んだ歴史
(i) 半円形が二つ重なったゴールエリア
　ゴールエリアのはじめは下図のような形で、ゴールキックを蹴る場所を示す線でした。（1887年）

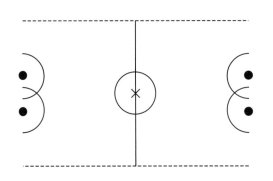

(ii) 長方形のゴールエリア

　ゴールキックを蹴る場所に、キーパーを特別に守る場所（ゴールエリア）という意味を加えて、形も長方形にしてゴールエリアとしました。（1902年）

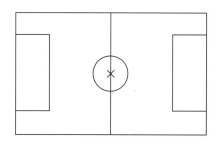

【5】「ゴールキーパーの手が使える範囲」の発見

―昔、ゴールキーパーはピッチ全体を自由に動き回っていた―

(1) ゴールキーパーは、広い範囲で手が使えた

〈ゴールキーパーの手が使える範囲の変遷〉

1. ゲーム場全面で手が使えた（1871年）
　ゴールキーパーが誕生した。
　ゴールキーパーは、ゲーム場（ピッチ）の全面で手が使えた。

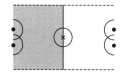

2. 手の使える範囲が自陣内に限られた（1887年）
　ハーフウェーラインが引かれた。
　半円形のゴールエリアができた。
　ゴールキーパーの手の使える範囲が、自陣内に限られた。

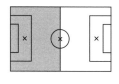

3. ペナルティー・エリアができた（1902年）
　12ヤードラインはペナルティーキックマークへ、
　18ヤードマークはペナルティーエリアへ、
　半円形のゴールエリアは長方形になった。

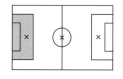

4. 手の使える範囲がペナルティーエリア内だけになった（1912年）
　キーパーの手の使える範囲が、自陣内からペナルティーエリア内だけに縮小された。

ゴールキーパーがボールを持ったり投げたりできる範囲は、真ん中の線（ハーフウェーライン）から自陣側だけ。ゴール・エリアでは特別に保護される、というのが理解されたここまでのルールでした。

　前頁図〈ゴールキーパーの手の使える範囲の変遷〉から、ゴールキーパーの手の使える範囲がペナルティーエリアにとじこめられたのは、ゴールキーパーが誕生（1871年）してからかなり後、1912年になってからなのがわかります。今日ではゴールキーパーの手の使える範囲はペナルティーエリアの中だけというのは常識になっています。しかしサッカーの歴史では、ゴールキーパーはかなりの年月にわたって自由に手を使い動き回っていたのがわかります。

(2) ゴールキーパーの手が使える範囲を広くすると、ゲームの世界が広がる

　試行錯誤を取りのぞいて抽象化された歴史では、キーパーの手の使える範囲は、

1. ゴールキーパーは、ゲーム場（ピッチ）全面で手が使える。
2. ゴールキーパーは、ハーフウェーラインから自陣内だけで手が使える。
3. ゴールエリアでは、キーパーは特別に保護される。
4. ゴールキーパーは、ペナルティーエリア内だけで手が使える。

のように発展します。

　サッカー少年団のような競技サッカーは、当然 4.「ペナルティーエリア内だけで手が使える」ルールです。しかし競技以外の活動（遊び、学校教育、子ども会活動等）では、「ゲーム場（ピッチ）全面で手が使える」

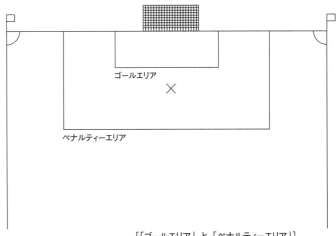

[「ゴールエリア」と「ペナルティーエリア」]

「ハーフウェーラインから自陣内だけで手が使える」ルールまでで十分と考えます。そのほうが「自由で楽しいゴールキーパー像」を伝えやすいし、サッカー・ゲームの楽しさの範囲が一段と広がります。

また「ゴールエリア」と似ている「ペナルティーエリア」は、ゴールキーパーに関連して発展した「ゴールエリア」とは異なり、「反則」ルールに関連した世界にあることが次の項で述べられています。

(3) 手でボールを扱っても、ゲームの楽しさは損なわれない！
①手でボールを扱うことは、サッカー・ゲームの本質的な問題ではない

小学生のゲームでは、キーパーをつくっても「他の人もボールを手ではたき落としてもよい」ルールは続けるほうが楽しくできるようです。

まず、高く浮き上がったボールが怖くて、ゲームに参加しにくい人たちを励まします。

また、ハンドの反則でもめることがなくなります。この反則でもめ事がおき、ゲームが中断したり、教室に帰ってからももめていることがよくあります。反則になるのは、わざと手を使ったときだけで、偶然当たってしまったときは反則ではありません。この区別が難しくトラブルになります。「ボールを手ではたき落としてもよい」ルールでは、この区別をする必要がなくトラブルは起きません。

②手でボールを扱うことは、浮き上がったボールを処理する技術獲得過程の一部

手でボールを扱うことは、浮き上がったボールを処理する技術獲得過程の一部と考えることができます。手を使って上手にボールをはたき落とせる小学生は、ヘディングなども上手です。多くの小学生は、浮き上がったボールに「手も出ません」。もちろんヘディングなどには「手も足も頭」も出ません。このルールを採用してもしっかりサッカーのゲームになります。

「手」を使ってイメージを豊かにして、将来は「頭」や「胸」などで行えるようにすればよいのです。「サッカーは手を使わないで、足を主に使ってするスポーツだ」とよくいわれます。しかし手を使っても小学生は、十分ゲームを楽しんでいます。「手を使うことを禁止した」ルールの歴史的、本質的意味は、別のところにあるようです。

[浮き上がったボールを処理する技術獲得過程の発展－「手」から「ヘディング」へ－]

【6】「使いこなし」から生まれたゴールキーパーの発見物語
―ゴールキーパーを理解する順番（認識過程）―

「重傷を負った選手をキーパーにするということは、当時（1873年）このポジションがどのように低くみられていたかというひとつの証拠である」「仲間がシュート態勢にあるとき、キーパーの足を払ってチャージすることは、公認された戦術と見なされていた」

(注) ロジャー・マークドナルド 『サッカーの歴史 ―グローバル・スポーツそのメモリアルシーン』 ベースボール・マガジン社 1982年

サッカーの歴史の初期には、ゴールキーパーは不当な扱いを受けていました。しかしその後ゴールキーパーは、ヨーロッパにおいて最も人気のあるポジションの地位を獲得します。しかし「使いこなし」から生まれたゴールキーパーは、試行錯誤がある実際の歴史とは違って、はじめからスーパースターの地位を獲得できました。

1.「浮き上がったボールは、手ではたき落としてよい」ルール

浮き上がったボールを処理するため、手でボールをはたき落としてよいことにします。

サッカーの歴史の初期においても、浮き上がったボールは手を使って処理

していました。

2. 壁、柵ゴールでは、ゴールキーパーは必要ない

壁、柵ゴールでは、広すぎ、大きすぎてゴールキーパーを置く必要がありません。

浮き上がったボールを手ではたき落としてよいので、全員がゴールキーパーということもできます。

3.「一人ゴールキーパー」が誕生した

サッカー場や校庭に備え付けのサッカーゴールになると、ゴールキーパーの活躍する条件が整い、ゲームをより楽しくするゴールキーパーが誕生します。

このときゴールキーパーは、ゲーム場全面で手が使えることにします。

4. ゴールエリアの発見

「はたき落とし作戦」からゴールキーパーを守るため、ゴールキーパーを特別に保護するゴールエリアをつくります。

5. ゴールキーパーの手の使える範囲をだんだん小さくしていくルール

ゴールキーパーの手の使える範囲をはじめからペナルティーエリアに限定してしまうと、ゴールキーパーの本来の楽しさがわからなくなってしまうと考えます。そこで、手の使える範囲を以下のようにだんだん小さくしていきます。

（ⅰ）ゲーム場全面
（ⅱ）ハーフウェーラインの自陣内だけ
（ⅲ）ペナルティーエリア内だけ

＊「ペナルティーエリア」は、「反則」ルールの項で説明されます。ゴールエリアの外側にペナルティーエリアはつくられます。

【7】「ゴールキーパー」ルールに関係する、使いこなせるようになった、ライン

「真ん中の線（ハーフウェーライン）」はゴールキーパーの手の使える範囲を示したライン、「ゴールエリア」はゴールキーパーを特別に保護するラインであることがわかりました。

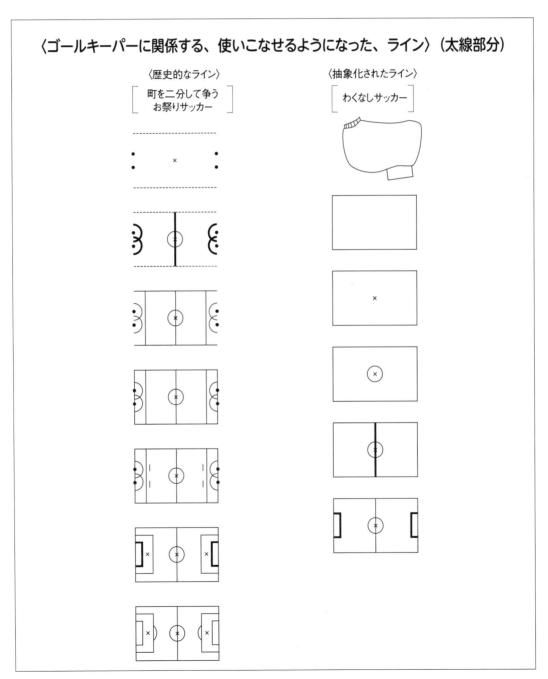

第四章

「反則」ルールの発見

「反則」ルールに関係するラインは、図の太線で示された部分です。これらのラインの「使いこなし」を「追体験」することによって、その意味を確かめてみましょう。

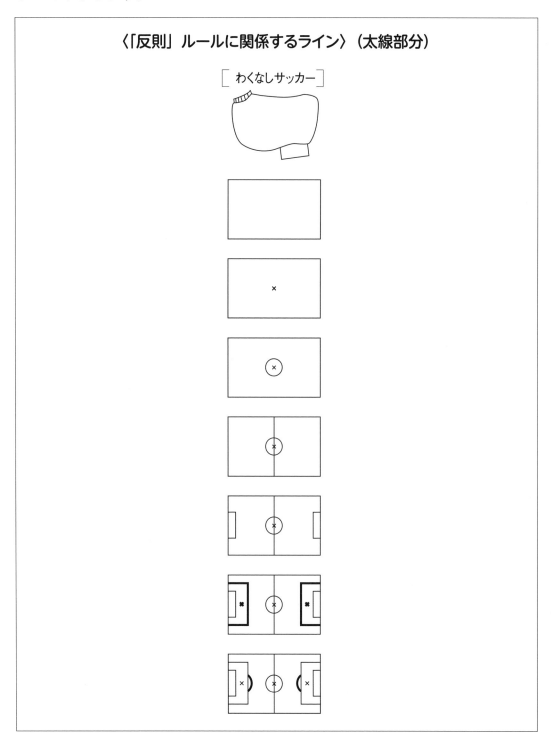

82

【1】「反則」の発生と「反則ルール」の発見
(1) 生まれも育ちも全く異なる、ゴール前の二つの□

　下図には、ゴール前に太線で示した2つの□があります。

　小さな四角が「ゴールエリア」です。

　ゴールエリアは、以下のように変遷してきました。

(ⅰ) ゴールポストを中心に描かれた二つの半円が、後に四角形に変更されました。

(ⅱ) はじめはゴールラインから出てしまったボールを蹴り入れる、ゴールキックのボールを置く場所とされました。

(ⅲ) 後になって、ゴールキーパーを特別に保護することを示す場所であることが追加されました。

　もう一つの大きな四角は、「ペナルティーエリア」です。

　これを説明するためには、「反則」の話から始めなければなりません。注意しなければならないことは、小学生には「反則」をわざとする意識がほとんどないということです。つまり、「反則」に関係するはじめのルールから、小学生の「反則の歴史記憶」が呼び覚まされ、人類が過去に行ってきただろう「反則」行動を「反復」する、ことはありません。

　ですから「反則」のひみつを探る旅は、これまでのように小学生と共に旅をするのでなく、小学生とは別れて実際の歴史によるアプローチになります。

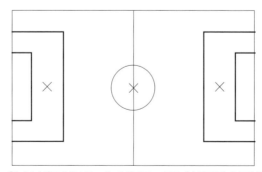

[生まれも育ちも異なる、ゴール前の二つの□（太線で示した部分）]

(2)「反則」の発生と「フリーキック」ルールの発見
― 昔、おとなたちは反則をしないゲームを行っていた ―

1. 反則がなく、審判のいらない時代があった
― 小学生のような心を持ったおとなたち ―

　ゲームの中で反則をすると、相手側に「直接フリーキック」「間接フリーキック」「ペナルティーキック」等を行う権利が、審判によって与えられます。

　しかし、1863年世界共通ルールがはじめてできた当時は、反則に対する罰則もなく、審判もいませんでした。そのころは、両チームのキャプテンが自分のチームに全責任を持っていました。試合中は自分のチームの行動を監督していました。選手も、してはいけないと決めたのだから禁止行為はしない、という心構えでした。これは、小学校体育におけるサッカー・ゲームの状況と似ています。昔のおとなは、小学生のような心を持っていたのです。

2. ラグビー・ゲームとの違いを明確にしたい
― ボールを手で扱うことを禁止した ―

　最初のサッカー・ルール「フットボール・アソシエーション・ルール」（1863年）で定められた「フェアーキャッチ」ルール、「ワンバウンド・ボール」ルール（p 65参照）は、1866年に廃止されました。そして1868年には、どのような理由があろうとボールを手で扱うことが禁止されました。兄弟関係にあったラグビー・ゲームとの違いを意識した、ゲームのやり方を大きく変えるルールの変更でした。

3. 「反則」の発生と審判の誕生（1871年）
― 審判がいないと、トラブルが収まらない ―

　1871年FAチャレンジカップが始まり、競技会などで勝ち負けの争いが激しくなるにつれ審判が必要になりました。その結果一人のレフェリー、二人

のアンパイアがもうけられることになりました。けれどもこのときのレフェリーは、ゲーム場の外に座っていてとてものんびりとしていました。

コラム9　「審判」の試行錯誤を含んだ歴史

❶第三者の仲裁者が必要になった

サッカーの急速な普及と国際化、プロ化などの流れに伴い、キャプテン同士の相談では試合中の問題がさばけなくなり、第三者の仲裁者が必要になってきました。

❷両チームが一人ずつアンパイアを出した

はじめは、クリケットにならって両チームが一人ずつアンパイアを出し、それぞれのエンドにいて何か問題が起こると手にした杖（つえ）を上にあげ、二人が同意すると反則が成立するというやり方でした。

❸レフェリーの登場

アンパイア二人の意見が合意に達しないとき、最終的に決定を下す人が必要になり、レフェリーが登場してきました。最初は試合を見に来ている人の中から、信頼できるしかるべき人を選んでお願いし、決定を任せていました。

❹レフェリー（主審）とラインズマン（線審）の誕生

試合中に何度も問題が起きて、そのたびにゲームを中断しておうかがいを立てていたので、観客も選手も困りました。そこで、1891年、レフェリー（主審）がゲーム場内に入り、アンパイアは線の外に出てラインズマン（線審）となりました。

この年には、「ペナルティーキック」の罰則もできました。

❺主審の黒い服装と線審の旗の由来

主審が黒い服装をしているのは、レフェリーにお願いされるような人の服装が黒のフロックコートだったからだといわれています。また線審の旗は、アンパイアの杖の名残です。

[昔の主審の服装]（注）
（注）『サッカー・ルール・ハンドブック』
日本蹴球協会審判部編　ベースボール・マガジン社　1970年

4.「反則」の激化と「フリーキック」ルールの発見（1873年）
ー相手の妨害なしにボールを蹴る権利「フリーキック」ルールー

　さらに反則が増えたため、反則に対する罰則として、1873年直接得点することはできないが、相手の妨害なしにボールを蹴る権利を与える「フリーキック」ルールができました。反則に対する罰則は、「フリーキック」しかありませんでした。「フリーキック」では、「相手の妨害なしに」を「相手側は6ヤードボールから離れる」と考えました。

【2】「ペナルティーキック」ルールの発見
ーサッカーゴール付近の「反則」には、特別なルールが必要ー

(1)「PK（ペナルティーキック）」誕生物語　　（注）
（注）大住良之　フットボールの真実　第203回ペナルティーキックとは何か 参照

ー昔のおとなたちの「使いこなし」もさすがだったー

1.　ゴールライン上の反則
　勝ち負けの争いだけでなく、サッカーでお金をかせぐプロ化が進み、自分たちが有利になるようにわざと反則するずるいプレーも、たくさん出てきました。
　あるとき、得点になりそうなボールをDF（守備者）の一人が、ゴールライン上でパンチングしてはじき出しました。

2.　ゴールライン上でのフリーキック
　もちろん相手チームにゴールライン上の「フリーキック」（間接フリーキック）が与えられました。

3.　ゴールライン上につくられた「人間の壁」
　しかし、ゴールライン上の反則のために、ボールから6ヤード離れること

もできずに、相手チームはゴールライン上に壁をつくってしまいました。「間接フリーキック」のため直接得点もできず、ボールの直前には人間の壁が立ちはだかっています。

結局、シュートは壁にはね返されてしまいました。

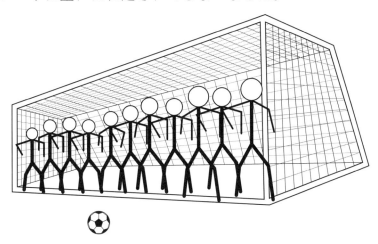
［ユーモアさえ感じる、ゴールライン上の人間の壁］

4.「ペナルティーキック」と「12ヤードライン」が誕生（1891年）
－レフェリーが、ゲーム場の中ではじめて審判するようになった－

このような不公平がくり返されては、サッカーへの信頼感が失われてしまうと考え、「ペナルティーキック」ルールと、蹴る場所を示す「12ヤードライン」が誕生しました。「12ヤードライン」の内側での守備側の反則は、ペナルティーキックになります。12ヤードのライン上の地点ならどこでも蹴ることができました。（1891年～1902年）

また、ゲーム場の外に座っていたレフェリーが、ゲーム

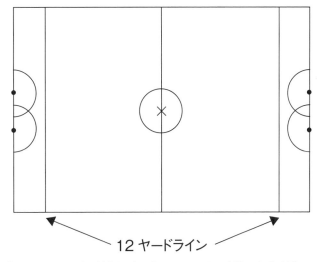
［12ヤードのライン上の地点ならどこでもペナルティーキックを蹴ることができた］

場の中ではじめて審判するようになり、今と同じになりました。

5.「PK」が誕生したときから、「ハンド」の反則でもめていた
―「わざと」か「偶然」か、それが問題だ―

　ペナルティーエリア内で、守備側がわざと手を使った場合「ペナルティーキック」（PK）になります。しかし、わざとなのか偶然手に当たってしまったのかのトラブルは、このルールが誕生したときからありました。

　1891年はじめてPKが行われた翌日の新聞には、

「ハンドの反則をした選手は、わざと手でボールがゴールに入るのを防いだわけでなく、相手チームがけったボールが近くにいた選手の手に当たっただけ」、「意図的ではなかったので、PK（ペナルティーキック）ではなく、FK（間接フリーキック）が与えられるべきだった」

と書かれています。

　小学生が、教室に帰ってまでハンドの反則でもめるのも無理のないことです。

6.「18ヤードマーク」ができた （1901年)

　「ペナルティーキック」のとき、ペナルティーキッカーとキーパー以外の者が位置する「18ヤードマーク」ができました。

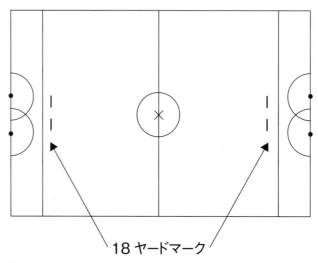

[ペナルティーキッカーとゴールキーパー以外の者が位置する「18ヤードマーク」]

7.「ペナルティーキックマーク」「ペナルティーエリア」「ゴールエリア」(1902年) がつくられた

「12ヤードライン」は「ペナルティーキックマーク」、「18ヤードマーク」は「ペナルティーエリア」、6ヤードの半円は「ゴールエリア」になりました。

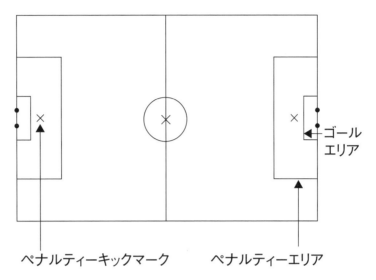

[「ペナルティーキックマーク」「ペナルティーエリア」「ゴールエリア」]

(2)「ペナルティーエリア」「ペナルティーキックマーク」は大発見だった

「ゴールエリア」の変化は想定内です。しかし長い直線だった「12ヤードライン」が「×」印に、二つの短い線「18ヤードマーク」が長方形の「ペナルティーエリア」に変化したのは想定外の激変でした。大発見といえるでしょう。また、サッカーゴール前にある二つの長方形「ゴールエリア」「ペナルティーエリア」は、生まれも育ちも全く異なる長方形であることがわかりました。

〈PK（ペナルティーキック）ルールに関係したラインの進展〉

(i)「二つの半円」(1887年) は、小さい長方形の「ゴールエリア」(1902年) へ

　ゴールキックを蹴る位置を示した二つの半円は、全く形を変えて、サッカーゴール前の小さな長方形の「ゴールエリア」になりました。

　　　（半円形ゴールエリア）　　　　　　　　（ゴールエリア）

　　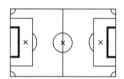

(ii)「12ヤードライン」(1891年) は、「×」印の「ペナルティキックマーク」(1902年) へ

　ハーフウェーラインに似た「12ヤードライン」は、全く形を変えて「ペナルティーキックマーク」になりました。

　　　　（12ヤードライン）　　　　　　　　（ペナルティキックマーク）

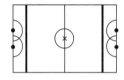　　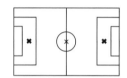

(iii)「18ヤードマーク」(1901年) は、大きい長方形の「ペナルティーエリア」(1902年) へ

　「18ヤードマーク」は全く形を変えて、サッカーゴール前の大きな長方形の「ペナルティーエリア」になりました。

　　　　（18ヤードマーク）　　　　　　　　　（ゴールエリア）

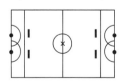　　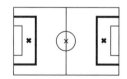

コラム10　ヨハン・クライフの独創的なペナルティーキック
ールールを使いこなした、誰も考えつかなかったプレーー

（あ）PKを味方にパスしたクライフ

　ペナルティーキック（PK）は、サッカーゴールに向かって思いっきり蹴っているのを、テレビで見たことがあると思います。しかし、ペナルティーキック（PK）を味方にパスした選手がいたといえば驚くでしょう。

　1982年オランダリーグの試合でアヤックスのヨハン・クライフの行ったペナルティーキック（PK）は、「PKは前に蹴ればよい」というルールをうまく使いこなした、当時の人が思いもよらない大胆かつ独創的なプレーでした。

❶ペナルティーキックの権利が与えられ、クライフがペナルティーキックマークにボールを置こうとしています。

❷ボールを置いたと同時に、左わずか前方にそのボールを緩く転がしました。（PKは、自分より前へボールを蹴ればよい）

❸ボールが動いたと同時に、同じチームのイェスーパー・オルセン（デンマーク代表）が、ペナルティーエリア線の外から走り込みます。

❹GKが、あわててオルセンの方へ前進してシュートされるのを防ごうとします。

❺オルセンは、ノートラップでゴールエリアの左からボールを中央に戻します。

❻そこには全くフリーの状態でクライフがいて、らくらくと無人のゴールにボールを蹴り込みました。

＊「ヨハン・クライフのペナルティーキック」は、インターネットで見ることができます。便利な世の中になりました。

（い）ヨハン・クライフ ーオランダのスーパースター

　ヨハン・クライフはフランツ・ベッケンバウアー（西ドイツ）と並ぶ1970年代を代表する世界的選手です。オランダ代表の中心選手として、またアヤックス（オランダ）やFCバルセロナ（スペイン）等の有名チームでも活躍しました。背番号14といえばクライフ選手、として世界中に有名です。
「9番はデ・ステファーノ、10番はペレの背番号だ。私は誰も身につけていない14番を『クライフの背番号』にする」
と自身で語っています。

　1974年ワールドカップ・西ドイツ大会ではフランツ・ベッケンバウアーやゲルト・ミュラーの西ドイツ（当時ドイツは東西に別れていた）に敗れ準優勝でした。しかし、オランダ代表チームの掲げた「トータル・フットボール」は、「オランダは、11人のディフェンダーと10人のフォワードが存在する」と評価され、世界に衝撃を与えました。クライフは、前線から最後尾まで自由に動き回り攻守に絡むと共に、ピッチ上の監督として味方に指示を与え大活躍しました。テレビ中継されたこの決勝戦を、眠い目をこすりながらリアルタイムで見ることができたのが、貴重な思い出です。

【3】「直接フリーキック」ルールの発見

(1) 乱暴な「反則」プレーをなくし、スピーディーなサッカーへ

①サッカー、それともラグビーのゲーム?

　1866年、「フェアーキャッチ」ルールが廃止され、1868年、「いかなる理由があろうとボールを手で扱うことが禁止」されます。しかし、これは「手を使うことを禁止した」ルールの一側面でしかありません。

　今日では全く別のスポーツであるサッカーとラグビーですが、もともとは同じゲームから枝分かれし発展してきた、兄弟関係にあることはよく知られています。そして、1869～70年代に別の道を歩み始めてしばらくは、サッカーの中にラグビーのゲームの行い方の要素が混ざり合い、未分化な部分が多くあったようです。

　〈コラム1〉シュローブ・タイドフットボールで紹介した「ハグ」、スクラム状態で押し合いをし、ボールがどこにあるかもわからない状態も反則ではありません。「ハグ」状態になると、ボールも人もなかなか動けなくなります。「ハグ」は、ラグビーのスクラムに似ています。

②「直接フリーキック」ルールの発見（1903年）
―楽しくなくなる、乱暴プレーはさせない―

　乱暴な「反則」プレーと、それに伴うゲームの楽しさの減少状態を改善しようと、1903年に以下のような反則に対して、これまでのような「フリーキック」(間接フリーキックのこと)でなく、直接得点できる「直接フリーキック」ルールをつくりました。そして、今日ではほとんどの反則は「直接フリーキック」になります。

[直接フリーキックの対象になる反則]
　(ⅰ) トリッピング（わざと足をかけて転がす）
　(ⅱ) 後ろからのチャージング（体でぶつかる）
　(ⅲ) プッシング（押しとばす）
　(ⅳ) キッキング（ボールでなく、相手を蹴とばす）
　(ⅴ) ジャンピングアット（とび蹴り）
　(ⅵ) ホールディング（相手の体をかかえ込む）
　(ⅶ) ハンドリング（わざと手を使う）

　「直接フリーキック」の反則になる内容を見ると、どんなゲームが行われていたのかが想像できます。今日このような行為を行えば、即退場処分になってもおかしくありません。現代の流れるように美しいサッカーは、昔からそうだったのではないことがわかります。

③偶然から、スピーディーなサッカーが誕生した
―「手を使うことを禁止した」ルールの歴史的な意味―
　今日のサッカーとかなり状況が異なるサッカーが、「直接フリーキック」ルールによってスピーディーなサッカーに変身していきました。「ホールディング」（相手の体をかかえ込む）や「プッシング」（押し飛ばす）などの手を使った行為が反則とされれば、「ハグ」「スクラム」状態は解消されます。
　『手を使わなければ、細かい反則や暴力的な行為はかなり減少するからである。だがこの「手を使わない」という特殊な制約が、創始者達の思惑を超え、サッカーをスピードとダイナミズムにあふれた普遍的なスポーツへと導いていった。』
（アルフレッド・ヴァール著　大住良之監修　「サッカーの歴史」創元社　2002年）

　私たちが接しているサッカーは、前述の20世紀初頭フランス、ランビィ

エ公園のサッカーとは全く異なるサッカーになっています。乱暴なプレーをさせないためにつくられた「『手を使わない』という特殊な制約」は、ラグビーゲーム的な要素との決定的な別れをもたらしました。そしてその結果は、今日のサッカー文化の繁栄がよく表しています。

ボールを手で扱わないのがサッカーだと思われがちですが、「『手を使わない』という特殊な制約」の歴史的な意味は、こんなところにあったようです。

④直接フリーキックと間接フリーキックの違い

直接フリーキックは、直接得点できます。

間接フリーキックは、直接得点できません。もし間接フリーキックを直接相手ゴールに入れてしまうと、相手側のゴールキックになってしまいます。

それでは、間接フリーキックを直接自分のゴールに入れてしまったらどうなるでしょう。可能性は少ないでしょうが、ありえます。そのような場合は、相手側のコーナーキックになるそうです。オウンゴールで自分たちの失点にはならないのです。「間接フリーキックは直接得点できない」という原則から当然に導かれることですが、ゲーム中に突然出会ったらパニックになりそうです。

間接フリーキックの対象になる反則は、

(i) オフサイドのとき

(ii) ゴールキーパーの不正行為

＊ゴールキーパーが、ボールを手から離すのに6秒以上かかる

＊ボールを手から離して、相手プレーヤーが触れる前に再び手で触れる

＊バックパスを手で触れる

＊味方プレーヤーのスローインを直接手で触れる

などの行為に対して与えられます。

例えば、ペナルティーエリア内でゴールキーパーが味方のバックパスを手で触れてしまうと間接フリーキックになります。ペナルティーエリア内での

94

間接フリーキックのときには、守備側はゴールライン上にいる場合に限って10ヤード（9.15m）以上離れなくてもよいことになっています。「ゴールライン上につくられた人間の壁」(p86)は、今日のルール上でも可能なのです。

　主審が、手を上にあげたときは間接フリーキックです。直接フリーキックのときは、腕を横に向けます。反則があったとき主審を見れば、どちらのフリーキックになったのかすぐにわかります。

⑤ヘディング技術の発見

　ヘディングは、手でボールを扱うことが禁止されてから考え出された、浮き上がったボールを処理する新しい技術です。ヘディングも、浮き上がったボールに対して手を使って処理していた「フェアーキャッチ」「ワンバウンド・ボール」(p65参照)時代に比べれば、ゲームをスピーディーにするのに役立ちました。

　1880年頃スコットランド・クイーンズパークのチャールズ・キャンベル選手のヘディング技術をはじめて見たアイルランドの選手は、ものすごく驚いて叫んだそうです。

　「あれまあ！　あいつは頭でうまく蹴っ飛ばすぞ！」

　これまで見たことも考えたこともなかった斬新な技術に対する気持ちが、素直に表現されています。

コラム11　「零の発見」と「ヘディング技術の発見」

「零の発見」（岩波新書）には、「1、2、3、4、5、6、7、8、9」より「0」が、遅れて発見されたことが書かれています。また、「0」が他の数字より理解が難しいことも書かれています。

例えば、

(あ)「7－0」の計算に、両手を使いながら考え込んでいる小学校1年生がいます。

「0」を手でどのように表現して良いのか迷っているのです。

(い)「728÷7」が、104でなく14になってしまう小学校4年生がいます。

「0」は「無」と考え、書かなくても良いと考えたのでしょうか。

小学生にとって、「0」は難しいのです。

「ヘディング技術」も歴史的に遅れて発見されました。そして、ヘディング技術を理解することも使いこなすことも小学生にとっては難しく、苦労していることが、ヘディング技術における発達的特徴を調べたアンケート結果（注）からわかってきました。

(注) 福田純　「児童のヘディング技術における発達的特徴の研究」第59回体育学会

(あ) 1年生～6年生、全226人中の6％しかヘディングを使えなかったというアンケート結果は、ヘディングの難しさを端的に表しています。

(い) 1年生～6年生、全226人中の28％は、「ボールが足下に落ちてくるまで待つ」と答え、ヘディングをあえて使おうとしない結果は、この小学生がドリブル戦法期の発達段階にあることを証言しています。

(う) 腰から上ぐらいに浮き上がったボールに対して、身をよじって何とかしようとしているけれど何ともできない姿に、小学生の苦闘が表れています。

(え) 腰から上ぐらいに浮き上がったボールに対して、近寄らないようにしたり、逃げたりする態度からも、小学生の苦闘が見て取れます。

(お) 腰から上ぐらいに浮き上がったボールに対して、「怖い」と答えアンケートからも、小学生がヘディング技術を理解できる発達段階に達していないことが表れています。

小学生にとって、「ヘディング」も難しいのです。

歴史的に遅れて発見された事柄が、歴史的に早く発見された事柄より理解や使いこなすのが難しい、という点で「0」と「ヘディング技術」は共通性があると考えています。

123456789　「0」

(2)「ペナルティーキック」ルールにおける激しい争いの痕跡
―「ペナルティーアーク」の発見（1937年）―

　ペナルティーキックが蹴られるまでは、ペナルティーキックを蹴る者とゴールキーパーだけしか、図の塗りの地域には入れません。「ペナルティーエリア」と「ペナルティーアーク」です。「ペナルティーアーク」は、10ヤード（9.15m）の円を示す線です。図の点線部分は省かれていて、ラインとしてはピッチ上に描かれていません。省かれていない円の一部分が、「ペナルティーアーク」です。他の塗りの部分は、ペナルティーキックマークよりゴール寄りの範囲です。これは、他の選手がペナルティーキックを蹴る者の視界にはいらないようにする配慮です。

　選手は、下記のようなペナルティーキックが蹴られた後に起こる事態に備えて一刻も早くボールに走り寄ろうと、青色部分の外側で準備して待ち構えています。

（ⅰ）PKで蹴られたボールが、キーパーにセービングされて転がったとき、攻撃側は再びシュートしようとし、守り側は再びシュートさせないように「塗られた部分」の外側で待ちかまえている。

（ⅱ）「クライフのペナルティーキック」等を行う、また行われるのを防ごうと「塗りの部分」の外側で待ちかまえている。

　ペナルティーアークがつけ足されたのは、フリーキックでは10ヤード離れなくてはいけないというルールを厳密に適用したためです。はじめはペナルティーエリアで事足りていたのに、かなり後になってから付け足されたのは、ペナルティーキック後のこぼれ球に対する両チームの争いが、徐々に熾烈になっていった結果からもたらされたものでしょう。

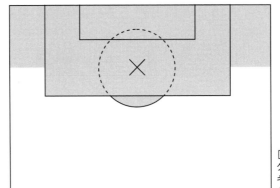

[塗り部分は、ペナルティーキックが蹴られるまで、ペナルティーキックを蹴る者とゴールキーパーだけしか入れない地域です]

【4】「反則」ルールの歴史的な認識過程

　小学生は、わざと「反則」をするようなことはほとんどありません。したがって「反則」ルールに関しては、反則に対するはじめのルールから「反則の歴史記憶」が呼び覚まされ、人類が過去に行ってきただろう反則行動を反復する、ことはありません。「反則」ルールの認識過程は、歴史的な成立過程が認識史になっていきます。

　ここで「反則」ルールの歴史的な成立過程を振り返ってみると、「直接フリーキック」ルールよりも「ペナルティーキック」に関係するルールが先に成立しています。このことから、ゴール前の争いがより熾烈だったことが推察できます。それにしても、「人間の壁」（p86 ペナルティーキック誕生物語）は、思わず笑ってしまうような使いこなしでした。

1.　「反則」がない、しない時代

　児童は反則をわざとする意識はほとんどなく、反則に対するルールも必要ありません。この時代のおとなたちも反則をわざとする意識がなく、「子どものような心を持ったおとなたち」といえます。

　審判の必要がない時代でした。

2.　「フリーキック」ルールができる

　勝ち負けの争いが激しくなり、審判と反則に対するルールが必要になって

きました。

　そして直接得点できないが、相手の妨害なしにボールを蹴る権利を持つ「フリーキック」ルールがはじめてできました。

3．「ペナルティーキック」「ペナルティーエリア」ルールができる

　サッカーゴール近くでの直接得点に関係する巧妙な反則に対して、「ペナルティーキック」「ペナルティーエリア」ルールができました。

4．「直接フリーキック」ルールができる

　サッカーゴール近く以外でもさらにいっそう反則は激しくなり、直接得点できる「直接フリーキック」ルールができました。「間接フリーキック」ルールも同時にできました。

5．「ペナルティーアーク」ルールができる

　「ペナルティーキック」に関わる争いも激しくなり、「ペナルティーエリア」の外側に「ペナルティーアーク」を付け足すルールができました。

【5】「反則」ルールに関係する、使いこなせるようになったライン

　反則に関係したラインが加わって、線（ライン）の歴史は完成します。
　「反則」ラインの成り立ちを考えると、「競技」でなくゲームを楽しむだけなら、「反則」に関係するラインはあまり考える必要はないようです。
　また、キーパーの手の使える範囲を「ペナルティーエリア」の狭い地域に閉じ込めるのは、かなり後になってからでした。したがってキーパーの手の使える範囲は、遊び、子ども会活動、体育学習等ではより柔軟に決める必要があると感じました。

〈「反則」に関係する、使いこなせるようになったライン〉（太線部分）

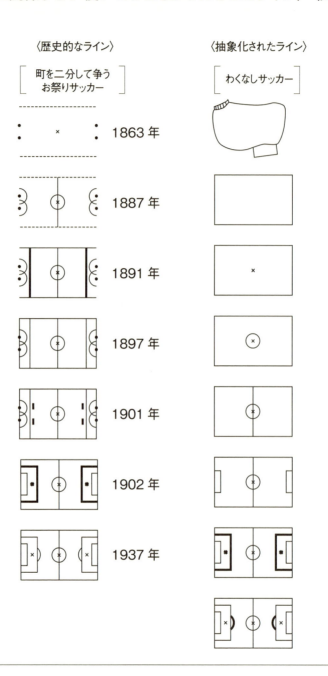

第五章

「オフサイド」ルールの発見

「オフサイド」ルールに関係するライン

　「オフサイド」ルールに関係するラインは、太線で示した「真ん中の線（ハーフウェーライン）」だけです。ハーフウェーラインは、自陣と相手陣を分ける線でした。この線がどのように「オフサイド」ルールと関係していくのか、歴史の認識過程を「追体験」して確かめてみましょう。

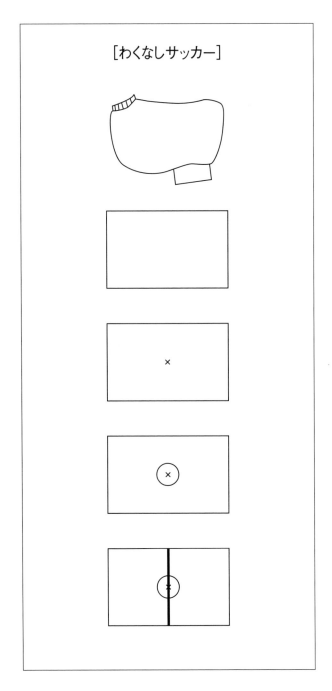

【1】オフサイド・ルールの発見
ーオフサイド・ルールは、ゲームの楽しさを減らさないようにするルールー

①オフサイド・ルールの基本的な考え方
ー歴史の認識過程に沿ったアプローチー

　小学校体育のサッカーでは、オフサイド・ルールは難しいのでほとんど使いません。したがって、これまでのルールのように「オフサイドの歴史記憶」が呼び覚まされ、人類が過去行ってきただろう「オフサイドの反則行動」を反復する、ようなことはありません。ですから、「反則」のひみつを探る旅と同じように、小学生とは別れて歴史の認識過程にしたがったアプローチになります。

　それでは東京オリンピック（1964年）当時の中学生が難しくてつまずいた、オフサイド・ルールのひみつを探っていきます。

②オフサイド・ルールは、「いのこり・待ち伏せ攻撃」の禁止ルール
ー「相手陣」にいのこり、待ち伏せするのは、ゲームが楽しくなくなるー

　オフサイド・ルールは難しいと考えられがちです。しかし原則的には、簡

[「いのこり・待ち伏せ攻撃」]

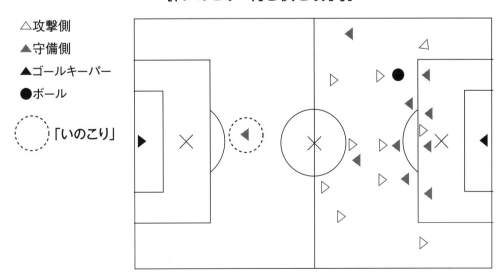

103

潔でわかりやすいルールです。前頁図で示したように自分のチームが攻められている時に、一人だけ相手ゴールキーパーの近くで「いのこり、待ち伏せ」してパスを待っていれば誰でもずるいと感じます。オフサイド・ルールは、そのような行いを反則としたルールです。「オフサイド」とは、「チームから離れている」ことを意味しているそうです。ただ、そこにいるだけでは反則になりません。この「いのこり」にボールを渡そう（パス）とすると、「オフサイド」の反則になります。これが大前提になります。

③「二人制オフサイド」ルールの成立
― 守備者が前に二人いれば、「いのこり・待ち伏せ攻撃」にならない ―

例えば、攻撃側「A」がいる場所が

（ア）相手陣で

（イ）自陣側からパスが出されたとき

（ウ）攻撃の選手より相手陣側に守備側選手が二人いる

この条件が満たされたときには「いのこり・待ち伏せ攻撃」にならない、というのが「二人制オフサイド」ルールです。

（ⅰ）相手陣側に守備側選手が二人いれば、「いのこり・待ち伏せ攻撃」と見なされない

相手陣で、自陣側「B」から「A」にパスが出されたとき、攻撃側の選手「A」より相手陣側に守備側選手が二人（図ではゴールキーパーと守備者計2名）いれば、「オフサイド」の反則になりません。

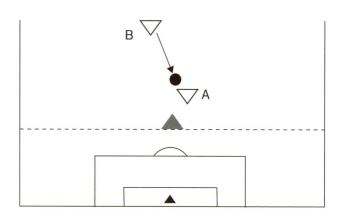

（ⅱ）相手陣側に守備側選手が一人しかいないと、「いのこり・待ち伏せ攻撃」と見なされる

相手陣で、自陣側「B」からパスが出されたとき、攻撃の選手「A」より相手陣側に守備側選手が一人（図ではゴールキーパー）しかいないと「オフサイド」の反則になります。

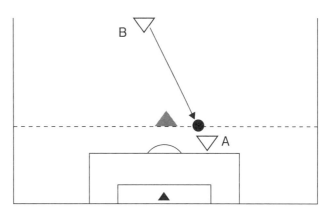

【2】「オープンスペース」の発見
ーオフサイド・ルールは、オープンスペースをつくり出したー

(1)「二人制オフサイド・ルール」では、必然的にオープンスペースがつくられる
ーオープンスペースは、現代サッカーの攻守のかなめー

「二人制オフサイド・ルール」は、「いのこり・待ち伏せ攻撃」を禁止したルールです。ところがこのルールは、「オープンスペース」という素晴らしい副産物を生み出しました。「オープンスペース」は、現代サッカーの攻守のかなめです。テレビのサッカー中継の解説では、必ずこの言葉が出てきます。

「二人制オフサイド・ルール」において守備側は、守備ライン（オフサイド・ライン）をつくり防御します。攻撃側をオフサイドの反則に誘い込み守りやすくするためです。オフサイドの反則にさせれば、守備側は苦労することなくボールを奪い取ることができます。

攻撃側は、守備ラインからつくり出された広く空いた地域（オープンスペース）を、オフサイドの反則にならないように、いかに有効に活用できるか

が勝負のわかれ目になります。守備ライン（オフサイド・ライン）をうまく突破すれば、そこにはほとんど邪魔者がいない地域（オープンスペース）が広がっています。

「二人制オフサイド・ルール」では、必ず「オープンスペース」がつくられます。しかし、「はじめのオフサイド・ルール」「三人制オフサイド・ルール」では、「オープンスペース」が成立しないことが、〈コラム12〉「二人制オフサイド・ルール」と「オープンスペース」に説明されています。

(i) 守備ラインとオープンスペース

守備側は、守備ラインをつくって攻撃側をオフサイドの反則にさせようとします。図の守備ライン（点線）より下側はオープンスペースです。

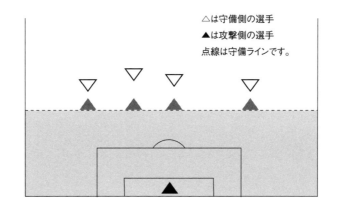

(ii) ボールが蹴られたとき、「A」の位置にいれば「オフサイド」の反則

「A」が自陣側から蹴られたボールを受けたとき、守備側はゴールキーパ

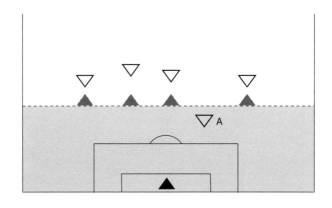

一一人だけなのでオフサイドの反則になります。守備側は苦労することなくボールを奪取できます。守備側は、守備ラインを上手に操作して相手をオフサイドの反則に陥れようとします。守るのが楽だからです。守備ラインをつくれば、必ずオープンスペースができます。

(ⅲ) 守備ラインが崩れれば、自由な攻撃を許してしまう

　守備ラインを崩して守備側「B」が下がってしまうと、守備ラインは 点線まで下がってしまうことになります。その結果、このラインまで攻撃側は自由に進入できます。「A」は当然オフサイドの反則ではありません。その結果、ほとんどの守備者は守備の役目を果たせなくなり、「A」の自由な攻撃を許してしまいます。

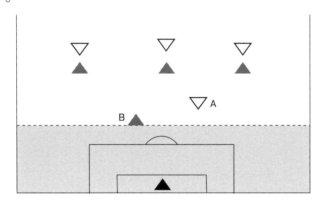

(2)「パスを受けたときでなく、パスが蹴られたときに『オフサイド』か否かが判断される」ルール
ー「オープンスペース」が生き生きとはたらき出す大発見ー

　パスを受ける選手が、「パスが蹴られたとき」にどこに位置しているかで、「オフサイド」か否かが判断されます。「パスを受けたところ」ではありません。一瞬の判断になるので、これが難しいのです。

　そしてこのルールは、「オープンスペース」がゲームの中で生き生きとはたらき出す大発見でもありました。もしパスを受けたときにオフサイドか否かが判断されたら、「ワンツーリターン」「壁パス」等ショートパスを駆使し

たプレーは、ほとんどがオフサイドになります。「三人制オフサイド・ルール」（〈コラム12〉参照）と同様に守備側が圧倒的に有利になり、手に汗にぎるプレーはとても少なくなったでしょう。

① 「オープンスペース」にうまく抜け出した賢いプレーの例
（ⅰ）ボールが蹴られたときオフサイドの位置にいなかった
攻撃の選手「A」は、自陣側からボールが蹴られたときオフサイドの位置にいませんでした。

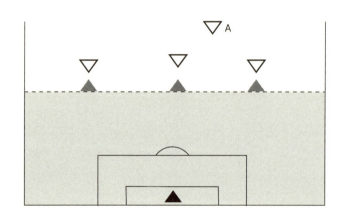

（ⅱ）ボールが蹴られた後にオフサイドの位置に入った
「A」が守備ラインの裏側（オープンスペース）に抜け出して、楽に得点できる位置でパス（蹴られたボール）を受けました。このプレーは、オフサイドになりません。

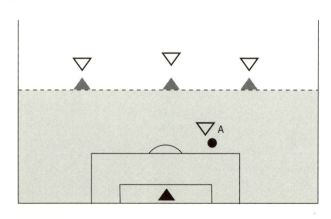

② 「オープンスペース」が、上手に使えていないプレーの例

　ボールを受けたときは「いのこり」（オフサイド）の位置にいないのに、ボールが蹴られたとき「A」はオフサイドの位置にいます。そのためオフサイドの反則になってしまいます。納得がいかない選手もいるでしょう。

（ⅰ）「A」は、ボールが蹴られたときオフサイドの位置にいる

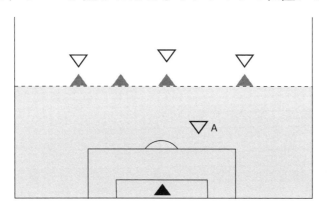

（ⅱ）「A」がパス（蹴られたボール）を受けたときは、オフサイドでない位置に戻っている

　ボールを受けたときでなく、ボールが蹴られたときの「A」の位置で「オフサイド」の判断がされます。したがって「A」はオフサイドの反則になり、守備側の間接フリーキックで再開されます。

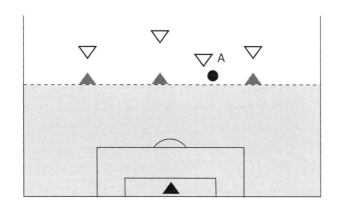

(3) ラインズマン（副審）の仕事は、オフサイド・ルールを使いこなすことより難しい

①ラインズマン（副審）とオフサイドトラップ

　ラインズマンが「オフサイド」の判断をするとき、パスを出す者と受ける者を同時に視野に入れていなくては判断できないので、大変難しい作業をすることになります。「パスを受けた位置」がオフサイドの判断基準ならば、審判はかなりやさしくなります。しかし、ゲームはつまらないものになるでしょう。

　「パスを蹴った瞬間」がオフサイドの判断基準なので、守備側は相手を「オフサイド」の反則にしようとオフサイドトラップという作戦を仕掛けてきます。攻撃側はその裏をかいてうまく守備網から抜け出してシュートまで持ち込もうとし、攻撃側と守備側の巧妙な駆け引きが展開されます。プレーが複雑で瞬間的な判断になり、ラインズマンはさらにいっそう難しい作業をこなさなくてはなりません。

　オフサイドトラップの方法も時代と共に変化しています。今日のＪリーグ等では、守備ラインの上げ下げはそれほど極端ではありません。失敗したときの危険度が高すぎるからです。しかし、1970年代にオフサイドトラップが使われはじめた頃はかなり大胆に行われていました。ものすごい勢いで守備ラインを押し上げるので、ラインズマンはそのラインについていくのが大変でした。

　その頃のオフサイドトラップの方法を次に紹介します。

②オフサイドトラップ作戦

　守備側は、攻撃側の選手をオフサイドの反則にすると苦もなくボールを奪取できます。そこでオフサイドトラップという守るための罠を仕掛けてきます。

（ⅰ）誰もオフサイドの位置にいないので、攻撃側「A」がパスを出そうとしています。

　守備側は、守備ラインをつくって守っています。

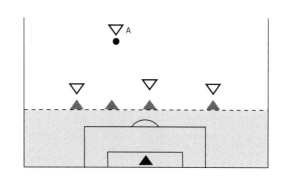

（ⅱ）パスが蹴られる直前に守備の選手が一斉に守備ラインを押し上げる（オフサイド・トラップ）と、パスが蹴られたときには攻撃の選手がオフサイドの位置にとり残されていて、オフサイドの反則になってしまいます。

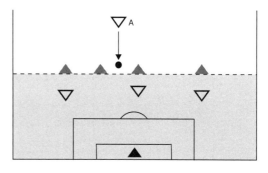

（ⅲ）例えば守備の選手の一人「B」が上がるのを忘れたり、守備ラインを押し上げるタイミングが合わないと重大なピンチを招きます。この例では守備1名、攻撃3名の状態になり自由にパスを通されてしまいます。

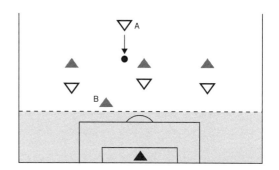

コラム 12 「二人制オフサイド・ルール」と「オープンスペース」

「オープンスペース」は、現代サッカーには欠かせないものです。手に汗にぎるプレーの必須要素になっています。この「オープンスペース」とオフサイドルールの歴史的な関係を考えてみましょう。

❶「ボールより前にいるものは、オフサイド―今日のラグビーのオフサイド・ルールと似ている―

サッカーの最初のルールでは、オフサイドラインがボールのある位置になります（下図の点線）。攻撃側、守備側お互いにこの想定されたラインを越えて進出したり、ボールをパスしたりできません。ボールは横か後ろにしか出せないので、実質的にオープンスペースはありません。この「オフサイド・ルール」は、今日のラグビーのそれと似ています。ラグビーも横か後ろにボールをパスしながら前進、攻撃します。

この時期には、ゴールキーパーも存在しませんでした。また、真ん中の線（ハーフウェーライン）もありませんでした。

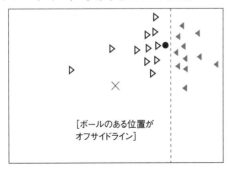

[ボールのある位置がオフサイドライン]

❷「三人制オフサイド」ルールと、オープンスペース

このルールでは、守備ラインの後ろにさらに一人守備者を配置できます。守備ラインの背後へのパスや攻撃側の進入は、この守備者の鉄壁のプレーがあればボールを奪いとることができます。つまり、このルールのもとではオープンなスペースはなく、守備側が圧倒的に有利になります。

そしてゲームへの興味がだんだん失われていき、「三人制オフサイドルール」は終焉を迎えることになります。

（あ）「三人制オフサイド」ルールでは、守備ラインの後ろにさらに一人守備者（例えば守備者「A」）を配置できます。したがって、守備ライン（点線）より守備側地域はオープンスペースではありません。

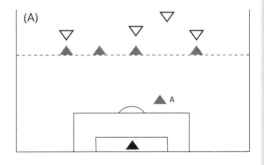

（い）攻撃側が守備ライン（点線）を越えて「B」に位置すれば、守備者は「A」とゴールキーパー計二人となり、「三人制オフサイド」ルールの下では「B」にボールがパスされればオフサイドの対象になります。

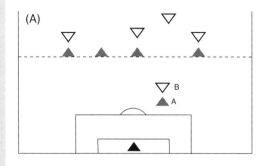

(う) ボールが自陣側から蹴られた後に、「B」の位置に攻撃側が入れば、オフサイドの反則になりません。しかし、守備者「A」が待ち構えています。つまりこの地域は、オープンスペースではないということです。

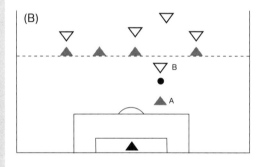

❸「二人制オフサイド」ルール

このルールのもとでようやく「オープンスペース」が保証されて、スリリングな現代サッカーが確立できました。図の点線より守備側の塗りの部分が、オープンスペースを表しています。

(あ)「スルーパス」の例

「B」の位置で自陣側「C」からパスが蹴られ、その後に「B'」の位置でボールを受ければオフサイドの反則になりません。そしてボールを受けた後には、守備者の邪魔がないオープンスペースが待っています。

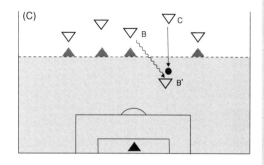

(い)「三角パス」「ワンツーリターンパス」の例

「B」に位置しているとき、「C」にパスします。「C」はボールを止めることなく守備ラインの裏側にボールをパスします(「三角パス」、「ワンツーリターンパス」ともいわれる)。ボールが蹴られた後に走り込み、「B'」の位置でボールを受ければオフサイドの反則になりません。そしてボールを受けた後には、守備者の邪魔がないオープンスペースが待っています。

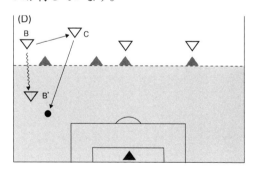

【3】「オフサイド」の位置にいても「いのこり・待ち伏せ」にならない場合がある

－「オフサイド」ルールが難しくなる一因－

①自陣でのオフサイドはない

－「オフサイド」の反則が成立するのは、「相手陣」内だけ－

　「いのこり」が、「相手陣」でボールを受けると「オフサイド」になります。自陣内であれば「ずるい」と見なされず、一人だけいのこっていてボールを受けても、「いのこり」（オフサイド）になりません。

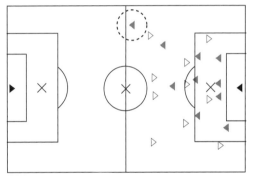
（オフサイドの位置にいない）

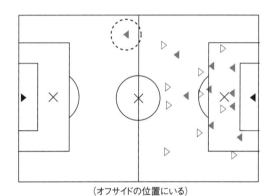
（オフサイドの位置にいる）

②ドリブル突破は、守備者が前に一人もいなくても「いのこり」にならない

－ドリブル突進は、パスを受けていない－

　ドリブルで「いのこり」になる位置まで突進し、シュートしてもオフサイドの反則にはなりません。パスを「いのこり」になる位置で受けたのでなく、ドリブルしてその位置に行ったからです。ドリブル突進はどんなにチームから離れていても、自分でボールをそこまで運んでいくのですから「いのこり、待ち伏せ」とは見なされず、オフサイドの反則にはなりません。

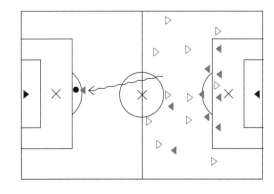

[ドリブルで「いのこり」の位置にいても、オフサイドにならない]

③「横パス」や「戻しめのパス」は、「いのこり」(オフサイド)の反則にならない

(i)「相手陣」で、味方に横パスをするとき、相手側の者が誰も守っていなくても「いのこり」(オフサイド)の反則になりません。

　横からのパスは「センタリング攻撃」といい表すこともありますが、相手がゴールキーパーしかいない「いのこり」の位置でパスを受けても、

　(ア) 自陣側から送られたパスでなく、横からのパスであること

　(イ) パスを出した味方が真横にいるので「いのこり」ではない

　原則から判断して、「オフサイド」(いのこり)の反則に当てはまりません。

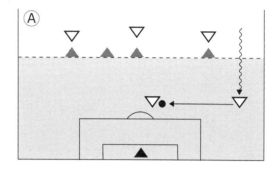

(ii) 戻しめのボールをシュートしました。キーパーしか守備者はいませんでした。それでも「いのこり」(オフサイド)の反則になりません。

　戻しめのパスは、

　(ア) 自陣側からでなく、相手陣側から送られたパスであること

　(イ) パスを出した味方がボールを受ける者より相手陣側にいる

　原則から判断して、「オフサイド」(いのこり)の反則に当てはまりません。

　「横パス」「戻しめのパス」は、「オフサイド」の反則にならない非常に有効な攻撃方法になります。

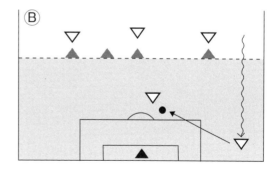

④ 「わく」の外にボールが出た後、プレーを再開するための投げ入れ、蹴り入れは、オフサイドの対象にならない

(i) 「ゴールキック」
「ゴールキック」（ゴールラインからボールが出た後の蹴り入れ）は、オフサイドの対象になりません。

　「ゴールキック」は、オフサイドの対象になりません。「ゴールキック」（ゴールラインからボールが出た後の蹴り入れ）は、ゴールエリア内にボールを置いてから蹴り入れます。蹴り入れるまでは、他の選手はペナルティーエリア内には入れません。

　しかし得点をねらって蹴られたボールをゴールキーパーがキャッチし、そのボールを蹴ったり投げたりする場合は、オフサイドの対象になります。ゴールキーパーがボールを手で取った後の処理の仕方は、そのまま投げても蹴ってもよいのです。ただしこの場合は、例えばボールを地面に置いて蹴ろうとして相手に横取りされてもルール違反にはなりません。

　ボールを置いて蹴るゴールキックと、蹴られたボールをゴールキーパーがキャッチし、そのボールを蹴ったり投げたりする場合のルールは混同しやすく、小学生がとても迷うことの一つです。ゴールキーパー役になった小学生が、「このボール置いて蹴るの、持って蹴るの」と聞いてきます。同様に、サッカーにあまり親しみのない人達にとってもわかりにくいルールになるのでしょう。

(ii) 「コーナーキック」
「コーナーキック」（ゴールラインからボールが出た後の攻撃側の蹴り入れ）は、どこに位置してもオフサイドにはなりません。

　「コーナーキック」から直接得点をねらう攻撃は、攻撃側はどこに位置しても「オフサイド」の反則にならない効率的な攻撃になります。「コーナー

キックを相手に何本か与えると、一得点に相当する」と解説される効果的な攻撃方法です。

(ⅲ)「スローイン」
「スローイン」（タッチラインからボールが出た後の投げ入れ）からのボールをオフサイドの位置で受けても、オフサイドの反則にはなりません。

海外でもJリーグでも、スローインからゴール前までボールを投げ得点になったことが話題になります。スローインはオフサイドの対象になりませんから、有利な攻撃方法です。ただ、そこまで投げられる選手がほとんどいないだけです。

昔は、片手投げで直接得点も許されていたので攻撃側が有利になりすぎ、今日のような両手で投げるルールに変わりました。

【4】「オフサイド・ルールが理解しにくい理由」の発見
(1)「オフサイド・ルール」の試行錯誤を含んだ歴史
ーこれまでのルールと違う、複雑なルールから単純なルールへの流れー

1. はじめの「オフサイド」ルール（1863年）
ボールより前は、すべて「いのこり、待ち伏せ攻撃」（オフサイド）

（ⅰ）今日のラグビーと同じ「ボールより前に出てはいけない」ルール。自分より前にいる味方にパスするとオフサイドの反則になります。

（ⅱ）選手たちが互いにひとかたまりになり、ボールをとり囲んで運ぶドリブル戦法で唯一戦術らしいものは「バックアップ」といってボールを取り囲んだ集団の後ろに続き、こぼれたボールを受け敵を押しのけ、相手の前進をじゃますることだけでした。

（ⅲ）自陣、相手陣の区別が必要ないので真ん中の線（ハーフウェーライン）は、ありません。

（ⅳ）「はじめのオフサイド」ルールは、3年でルールが変更されました。

2. 「三人制オフサイドルール」の成立 （1866年）

　ボールを受けるとき、ボールより前に相手側が三人いれば、「オフサイド」（いのこり、待ち伏せ攻撃）でない、に変更されました。

（i）「ボールより前に出てよい」ことになり、制約はあるものの前にいる人にボールを送ることができるようになりました。

（ii）後方にいた選手が大きく蹴り入れたボールに、前方にいた数人が突進（RUSH）していって相手と競り勝ってボールを奪い、得点をねらう「キックアンドラッシュ戦法」や相手陣深く進入した味方に意図的なロングパスあるいはサイドチェンジのためのロングパスを送り、効果的に相手ゴールに攻め入ることをねらう「ロングパス戦法」が可能になりました。

（iii）「三人制オフサイドルール」の制約のため、守備側が圧倒的に有利になり、ゲームがだんだんつまらなくなってしまいました。

（iv）「三人制オフサイドルール」は、約60年続きました。

3. 相手陣のときだけオフサイドが成立することになりました。（1907年）

　1887年にゴールキーパーの手の使える範囲を自陣に限るために真ん中の線（ハーフウェーライン）が引かれました。その線を利用して、相手陣のときだけにオフサイドのルールが適用されることになりました。

4. 「二人制オフサイドルール」の成立（1925年）

　ボールより前に相手側が2人いれば、「オフサイド」（いのこり、待ち伏せ攻撃）でない、に変更されました。

　「相手陣のときだけオフサイドが成立する」ルールでも守備側の圧倒的な有利は変わらないため「三人制オフサイドルール」は廃止され、「二人制オフサイドルール」に変更されました。このルールにより「三角パス」「壁パス」等ショートパスが自由に使えるようになり、近代サッカーが誕生できました。

(2)「オフサイド・ルール」の認識過程
ーオフサイド・ルールの歴史が追体験できない！ー

(i) ルールの歴史の流れと、ルールを認識する流れは同じ道すじをたどる

　小学生の脳の中には「サッカー・ルールの歴史記憶」が知らず知らずのうちにプログラムされている、と考えています。そして、プログラムされた「サッカー・ルールの歴史記憶」を起動させるのは、「はじめのルール」です。この「はじめのルール」から出発すると、小学生の「歴史の記憶」は呼び覚まされます。そして呼び覚まされた記憶にしたがって小学生は、人類が過去に行ってきただろう行動を「反復」します。

　これは、冒頭に述べたこの本の仮説です。

　これまでのルールは、歴史の流れと「歴史記憶」が同じみちすじをたどりました。つまり単純なやさしいルールが、使いこなしによって少しずつ複雑、洗練されたルールになってゆく過程です。

(ii) オフサイド・ルールの歴史は、

　1.「ボールより前にいるものはオフサイド」ルール
　2.「三人制オフサイド」ルール
　3.「二人制オフサイド」ルール

となり、「複雑」から「単純」へのみちすじを取ります。

(iii) オフサイド・ルールの認識過程は、

　1. オフサイド・ルールなしでゲームをする
　2.「二人制オフサイド」ルールを導入する

となり、「単純」から「複雑」へのみちすじを取ります。

(iv)「オフサイド」ルールは、「追体験」できないルール

　これまでのルールと違い「オフサイド」ルールは、「ルールの歴史」と「ルールを認識する流れ（歴史記憶）」が全く逆のみちすじになります。したがって、「追体験」ができません。「歴史の記憶」にプログラムされていないみちすじと考えられます。これが「オフサイド」ルールのわかりにくさの大きな原因の一つと考えてます。

　このような理由もあり小学校体育のサッカーでは、オフサイド・ルールはほとんど使いません。意味が理解できないので使えないのです。それでも楽しくゲームできます。

　もちろん小学生の競技サッカーでは、オフサイド・ルールがしっかり適用されています。これは、理解するのでなく覚え込まされます。そうしないと勝てないからです。また、Jリーグ等で「オフサイド・ルール」抜きのゲームはありえません。

　「オフサイド・ルール」は、サッカー・ルールの中で特異な存在感を発揮しています。

【5】「オフサイド・ルール」に関係する、使いこなせるようになったライン

　オフサイド・ルールに関係するラインは、相手陣と自陣を分けるハーフウェーライン（真ん中の線）です。「オフサイド」の反則は、攻撃側が相手陣にいるときだけ成立することがわかりました。

〈オフサイド・ルールに関係する、使いこなせるようになったライン〉（太線部分）

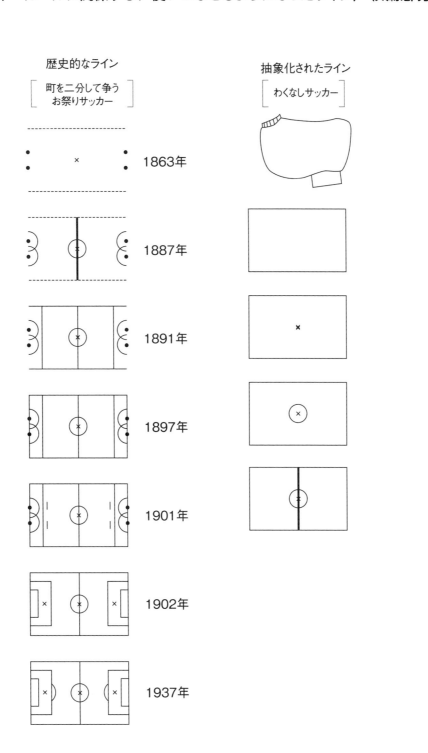

第六章

「ゲーム人数」ルールの発見

「ゲーム人数」ルールに関係するラインは、太線で示したように「わく」ルールに関係するラインと共通しています。このラインが、どのように「ゲーム人数」ルールに関係していくのか、「使いこなし」と「追体験」によって確かめてみましょう。

〈「ゲーム人数」ルールに関係するライン〉
（太線部分）

[わくなしサッカー]

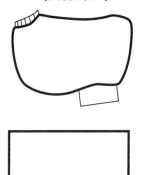

【1】「ゲーム人数ルール」の発見
－ゲームの人数は、多くするか少なくするか－

(1) チームの人数が少ない方が、たくさんボールにさわれて楽しいか？

①ゲームの人数に対する、子どもたちとおとなの感覚のズレ

　チームの人数が10人以上になることが多いクラス対抗サッカー大会は、ボールにさわれない子もたくさん出るのに、みんな夢中になってボールを追いかけます。しかし、学校の先生のほとんどは、5〜6人の少ない人数の方がボールにたくさんさわれて上手になれるので楽しい、と考えています。ゲームの人数に関して、先生と子どもの感覚のズレが大きいのです。また、少年国際サッカー大会は、8人制ルールで行われることも多くなっています。ゲームの人数は、どう考えたらよいのでしょう。

　ここでも〈コラム1〉「シュローヴタイド・フットボール」が参考になります。「なんと町全体がフィールドとなり、ボールが川に入ろうが民家に入ろうがお構いなし、7000人を超える大群衆が日が暮れてもボールを追って走り続けます。」

　この様子は、小学校低学年のクラス対抗サッカー大会に似ています。ボー

ルに触れるのはほんの一握りの人なのに、楽しいのです。ボールを囲んだ「ダンゴ」状態があちこちに移動し、とり囲んだ多くの人もまた「ダンゴ」と共に移動します。

児童は、少人数のゲームより多人数のゲームの方が楽しい理由を上手に表現しています。

「にんずうが少ないほうが、ふつうはかつやくできるはずなのに、私は多いほうがよくかつやくできる」（4年女子）
「五対五は、あまりはく力がない。でも十対十は、人数が多いしおもしろい」（4年男子）
「11人のほうが、ほんかくてきでみんなが力をあわせられるから」（2年男子）
「みんなで、ドバッとおしかけられるから」（2年女子）

②ミニ・ゲームは、ボールにたくさんさわれない

小学校体育のミニ・ゲーム（少人数のゲーム）は、多くのおとなが考える「人数が少ないからたくさんボールにさわれる」わけではなく、個人の技術差がとてつもなく大きいため、かえって上手な子だけがボールを独り占めしてしまうことが多いことも観察してきました。

ただし、サッカー少年団等の競技サッカーにおけるミニゲームは、それぞれの技術、体力などほとんど差がなく、たくさんボールにさわれて、鍛錬、卓越を磨くという意味で重要になります。少年国際サッカー大会の8人制ルールも、どのポジションでもこなせるオールラウンドな技術、戦術眼を身につけ、おとなになってから行う11人制ゲームの専門的なポジションのプレーを豊かにしていくという考え方のようです。発展途上の少年用のミニゲーム大会というとらえ方もできます。

コラム13 現代に生きる「ダンゴ守り」の強力パワー

ーメッシ（アルゼンチン代表、FC バルセロナ）を止めろー

(あ) クラス対抗サッカー大会
ー「ダンゴ守り」対「ちらばり守り」の対決ー

　多人数サッカーには不思議な力がはたらきます。

　クラス対抗サッカー大会で、あるクラスはどうしても勝ちたいと考える指導者の指示で、おとなが行うゲームのようにポジションを決め、一人一人が広く散開する「散らばり守り作戦」を立てました。ところが意に反して、相手チームのとても上手な子は人と人の間をすいすいとドリブルして、たくさん得点してしまいました。しかし、そのような工夫した作戦を立てないで普段通りにプレーした、みんながボールに群れ集まる他のクラスの「ダンゴ」状態では、なかなか得点できませんでした。

　小学校では、「ダンゴ守り」の強力パワーが、「ちらばり守り」に勝ったのです。約30年前、今ほどサッカーが普及していない、サッカーの試合にほとんど接することのなかった時代の貴重なおもしろい経験でした。「ダンゴになるな」と先生に注意された経験は、多くのおとなが持っていると思います。けれど、「ダンゴ」状態のプレーは、必ずしも悪くはないのです。

　「ミニゲームは、考えたようにできる。正式のゲーム（11人対11人）は、不思議な力がはたらく。思うようにならないことが多い。」

サッカーに長く親しんでいる多くのおとなが抱く感想だと思います。「ダンゴ守り」や多人数のサッカーには、共通する不思議な力がはたらくようです。

(い)「ダンゴ」で守る、メッシの強力ドリブル

　メッシ（アルゼンチン代表、FC バルセロナ）のドリブルは、守備者一人ではなかなか防ぎきれません。相手のチームは、何人かでとり囲むようにして守る作戦をとっています。これは、洗練され高度化した「ダンゴ守り」です。

　町を二分して争うお祭りサッカー、小学校の体育のサッカーなどは、ダンゴ守りです。おとなの歴史ではその後、洗練された「マンツーマン守り」（一人が一人をマークして守る）や「ゾーンディフェンス」（一定の範囲を分担して守る）になりました。そしてメッシを止めるために、また「洗練されたダンゴ守り」（ゾーンプレス）が使われています。メッシを数人でとり囲むようにして、止めようとするのです。

　ただし洗練された「ダンゴ守り」は、「ダンゴ」から抜け出されたり「ダンゴ」のあいだを上手にパスされてしまうと、守る人数が足りなくなり、簡単に得点されてしまう危険性があります。ですから、使い方がとても難しい守り方です。小学生のいわば本能的な「ダンゴ」とは異なり、「洗練されたダンゴ守り」（ゾーンプレス）は、非常に高い技術、豊かな戦術眼が要求されるようです。「ダンゴになるな」と注意される「ダンゴ守り」は、本当はたいせつな作戦だったのです。

(2) サッカーの楽しさは、多人数のゲームの中にある
―歴史記憶を呼び覚ますルール―

①町の人が二つのチームにわかれて闘うゲームから、「11人」対「11人」のゲームへ

　サッカー・ゲームの人数は、町の人が二つのチームにわかれて闘う多人数のお祭りのようなゲームから、今日のように見ていてわかりやすく美しいスポーツ・ゲームへと発展し、洗練されてきました。

　多人数と少人数のゲームを小学生に比較させると、プログラムされた「ゲーム人数に関するサッカーの歴史記憶」が起動して、サッカーの楽しさは多人数のゲームの中にあることがアンケート結果に的確に表現されます。

②少人数のゲームより多人数のゲームの方が楽しい理由（注）

（注）福田　純　サッカー・ゲームの発生―児童の知的発達の発生、分化、発展の一考察―　1991年

[小学校4年生のアンケート結果]

　「たくさんでやったほうがおもしろい」（男）
　「にんずうが少ないほうが、ふつうはかつやくできるはずなのに、私は多いほうがよくかつやくできる」（女）
　「なんかわからないけど五人のときはあまりはしれない」（女）
　「おおぜいいると、スリルがあっておもしろい」（男）
　「人ずうがいっぱいいると、自分のミスがめだたない」（男）
　「からぶりしても、まもってくれる人がたくさんいるから」（女）
　「五対五では、たよりになる人が、たった一人だけだからだ。十人対十人はたくさんの人がたよりになる」（男）
　「五対五は、あまりはく力がない。でも十対十は、人数が多いしおもしろい」（男）
　「五対五だと守りきれず、すぐに点が入ってしまってつまらない。十人対十

人だと、おおぜいいておもしろい」（女）

[小学校 2 年生のアンケート結果]

「数が多くておもしろい」（男）

「いっぱい人がいて、みんなでとりかえしてくれるから」（女）

「にんずうが多くて、なかなか点がはいらないから」（男）

「多いし、おもしろいし、みんなとできてはくりょくがあるから」（男）

「11 人だとボールがきたらけれるから」（女）

「11 人のほうが、ほんかくてきでみんなが力をあわせられるから」（男）

「3 人はあんまりよくけれないから、11 人のほうがいい」（女）

「みんなで、ドバッとおしかけられるから」（女）

「じんちいっぱいうごけるし、点がなかなか入らないから」（男）

「3 人だとすぐに点をいれられてしまうし、11 人のほうがいっぱいいるから
てきもなかなかいれられないからおもしろい」（男）

コラム14 「ダンゴ」ゲームと「広く散らばった」ゲームの関係
―「ダンゴ」から戦法が分化、発展していく契機は何か？―

　Ｊリーグができる以前の1980年代はじめごろ、サッカーにほとんど触れた経験のない地域にサッカー少年団を創立、指導した経験があります。そのときにドリブルやシュートの技術指導だけ行い、戦術の指導を行わないとどんなゲーム展開になるのか観察したことがあります。

　練習を始めた４月頃はまさに「ダンゴ」状態のサッカーでした。戦術の指導を受けた他のチームとの試合を重ね、見よう見まねで勝利はともかく得点できるようになったのは、「ダンゴ」から抜け出してボールを「待つ」ことができる者が出てきたときでした。

　それは、夏休みも終わって秋も深まった頃でした。

　戦術の指導は受けていないとはいえ、試合では相手の戦い方に直接触れることもできたし、意欲も負ける悔しさも人一倍強い小学校高学年サッカー少年です。それでも「待つ」ことができるまでにこれだけの時間がかかりました。サッカーは一部の人しか知らないマイナーなスポーツで、周りのおとなたちも勝利にそんなにこだわらない、のんびりした時代の貴重な経験でした。「ダンゴになるな」と指導者はよく注意しますが、「ダンゴ」ゲームから「広く散らばった」ゲームへの指導の難しさを、この経験からも痛感しました。

　「待つ」ことは、高度な意識のはたらきです。

『はやる心をじっとおさえて、藪のかげに身をひそめ、じっと野牛をねらっている眼、そこに人間独特の意識が生ずる機縁があったのでしょう。一般に意識というものは行動が抑制されるときに強くなる、と心理学者はいっています。いきなり獲物におそいかからず、じっと行動をおさえる労働のなかで、人間の意識活動は拡張され強化されたといえるでしょう。願望はいきなり発散されずに、じっと体内にたくわえられ、弓のようにしだいにはりつめられていきます。そして行動のエネルギーが頭のなかでだけ動きまわる、それが工夫とか、考えるとかいわれることの端緒ではないでしょうか。』

（永井潔、伊藤高広「芸術・スポーツと人間」新日本出版社　1974年）

　さらに、「待つ」者にボールを渡せることができる技術がかみ合ってはじめて、みんなが広く散らばったゲーム展開ができるようになると考えます。〈コラム６〉『「パス」も大発見だった』では、ボールを渡す技術が遅れて発見された高度な技術であることがわかります。「広く散らばった」ゲームを

達成するためには、越えなければならないいくつかの壁があります。

　ボールに集中して群れ集まる「ダンゴ」ゲームは、わかりやすい戦術で、小学生でもできます。しかし今日では、メッシ（アルゼンチン代表、FC バルセロナ）の圧倒的な攻撃力を止めるために、メッシとボールに集中する「ダンゴ」守りが、高度なレベルで復活しています。興味深い深化の仕方です。

　「ダンゴ」ゲームから「広く散らばった」ゲームへどのように発達していくのか考えてみました。

【2】「ゲーム人数」ルールに関係する、使いこなせるようになったライン

　村対村、あるいは町を二分してのお祭りのようなゲームから、11人対11人のゲームに進化、洗練されてきました。村や町のお祭りサッカーや「遊び」のサッカーは「わく」なしサッカー、「11人対11人」は長方形のゲーム場に対応すると考えます。

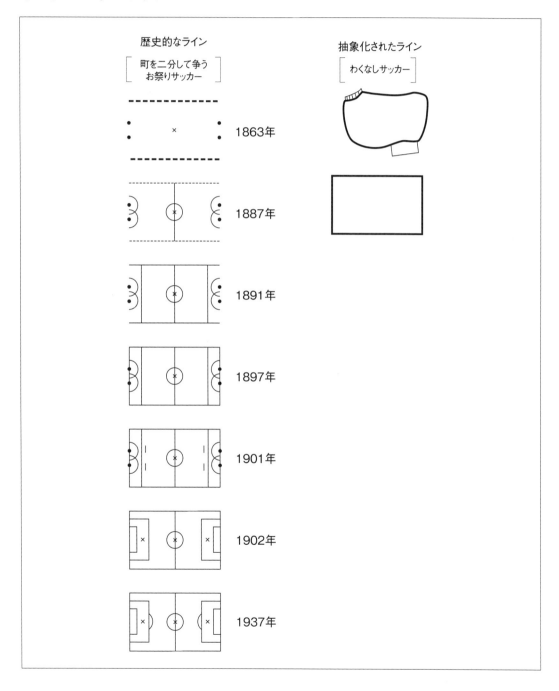

終章

「サッカー・ルールを発見する旅」まとめ

【1】サッカー・ルールの歴史記憶

(1) サッカーラインの物語

図《1》 サッカー・ルールを使いこなして獲得したラインの歴史

(i)「わく」　(ii)「サッカー・ゴール」　(iii)「ゴール・キーパー」　(iv)「反則」　(v)「歴史過程」

[わくなしサッカー]　[わくなしサッカー]　[わくなしサッカー]　[わくなしサッカー]　[町を二分して争うお祭りサッカー]

(2) サッカー・ルールの「反復説」

　サッカー・ルールは「使いこなし」によって以下のように発見され、ラインの歴史を獲得しました。

　（前頁図《1》サッカー・ルールを使いこなして獲得したラインの歴史）参照

(ⅰ)「わく」ルールの発見

　「わく」に関係するルールを使いこなすと、太線で描かれた線（ライン）の意味がわかり、なぜ長方形のゲーム場が必要なのかが実感できます。

(ⅱ)「サッカーゴール」ルールの発見

　「サッカーゴール」に関係するルールを使いこなすと、太線で描かれた線（ライン）「×」と「○」の意味がわかります。

(ⅲ)「ゴールキーパー」ルールの発見

　「ゴールキーパー」に関係するルールを使いこなすと、太線で描かれた線（ライン）「ゲーム場の真ん中の線（ハーフウェーライン）」と「ゴールエリア」の意味がわかります。

(ⅳ)「反則」ルールの発見

　「反則」に関係するルールを使いこなすと、太線で描かれた線（ライン）「ペナルティーキックマーク」「ペナルティーエリア」「ペナルティー・アーク」の意味がわかります。

(ⅴ) 人類がサッカー・ルールをつくり上げてきた歴史過程の「反復」「追体験」

　そして、(ⅰ)(ⅱ)(ⅲ)(ⅳ) の順にルールを使いこなしていくと、(ⅴ) 人類がサッカー・ルールをつくり上げてきた歴史過程を反復、追体験していることがわかりました。

以上から、
「サッカー・ルールを使いこなす過程は、人類がサッカー・ルールをつくり上げてきた歴史過程を反復する」

という「サッカー・ルールの反復説」（仮説）を図示することができました。この本の主題である「サッカー・ルールの歴史記憶」は、「サッカー・ルールの反復説」といい表せると考えています。

　「反復説」は、古生物学の仮説です。この仮説をヒントに「サッカー・ルールの発見」が書かれました。次は、古生物学の「反復説」を簡単に紹介します。

【2】古生物学「進化の記憶」とサッカー・ルール「歴史の記憶」
(1) 生物進化の物語
ー「ヒトの胎児」に刻まれた進化の記憶ー

「*個体発生は、系統発生を反復する*」

　ヒトの脳に刻まれたサッカー・ルール文化の歴史記憶は、図《1》「サッカー・ルールを獲得してきたラインの歴史」に表されています。このような「歴史記憶」「反復（追体験）」の発想の原点に、古生物学の古典的な仮説「反復説」があります。

　その一つの例が、「ヒトの胎児に刻まれた35億年のほ乳類の進化の記憶」です。

　「ヒトの胎児（個体発生）は、ほ乳類という進化のプロセス（系統発生）を短期間に反復（追体験）して生まれてくる」

　ヒトの個体は、母親の胎内で、
（ⅰ）単細胞（ⅱ）魚類（ⅲ）両生類（ⅳ）は虫類（ⅴ）ほ乳類
という進化のプロセス（歴史記憶）を短期間に反復（追体験）して生まれてくる、という事実があります。

図《2》 「ヒトの胎児に刻まれた35億年のほ乳類の進化の記憶」（注）

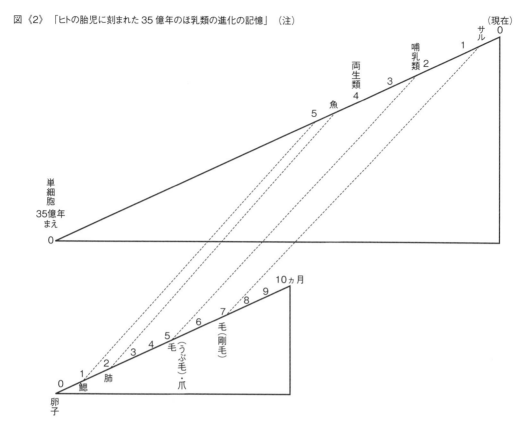

　図では、ヒトの個体の発達は小さい三角形で表され、進化のプロセスは大きな三角形で表されています。なぜ進化のプロセスを「反復」する必要があるのかは、今のところ解明されていないようです。古生物学における「反復説」（個体発生は、系統発生を反復する）です。

(2) ヒト進化の物語
ーヒトの脳の発達に刻まれた人類進化の記憶ー

　「ヒトの脳の個体発生（0歳〜20歳）は、人類における脳の進化のプロセス（系統発生）を反復する」

　「ヒトの脳の発達に刻まれた人類の進化の記憶」は、古生物学における「反復説」のもう一つの例です。

　ヒトの脳の0歳から20歳までの発達は、

（ⅰ）チンパンジー・オランウーターン（ⅱ）アウストラロピクテス（猿人）・ゴリラ（ⅲ）ピテカントロプス（原人）（ⅳ）ネアンデルタール人（旧人）（ⅴ）クロマニョン人（新人）

という進化のプロセス（歴史記憶）を反復し、成人の脳として完成されると考えられています。

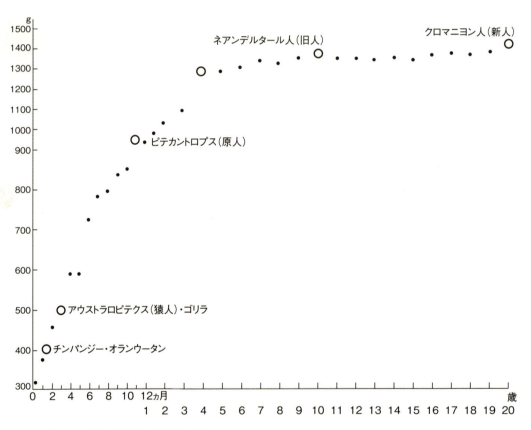

図《3》　ヒトの脳の個体発生と系統発生（注）
（注）　図《2》図《3》井尻正二　齋藤公子　「子どもの発達とヒトの進化」　築地書館　1980年　p16、19

(3)「進化の記憶」と「歴史の記憶」

　ヒトの胎児とヒトの脳の発達は、「進化の記憶」を「反復」「追体験」していると説明されています。サッカー・ルールでは「歴史の記憶」を「反復」「追体験」していることがわかりました。「反復説」は古生物学の仮説ですが、生物の一器官であるヒトの脳の発達が「反復説」に従うとすれば、その「脳」から生み出されるサッカー・ルールという文化が「反復説」で説明できることもありえるのではないでしょうか。進化の記憶がDNA遺伝子に記憶されているように、サッカー・ルールの歴史記憶はヒトの脳細胞に記憶されているように感じます。

　生物学とサッカー・ルールという文化の二つの領域で「反復」「追体験」が、観察できました。そして「反復」「追体験」することによって、
　（ⅰ）サッカー・ルールをわかりやすく*理解*できる。
　（ⅱ）サッカー・ルールをわかりやすく伝えることができる。
以上のことが可能になることがわかりました。

　このような例から「反復」や「追体験」は、ものごとを認識するための基本原理の一つではないかと考えます。

(4) サッカー・ルールの「使いこなし」は、誰でも学べるサッカー文化

　サッカーの技術を使いこなすことは、とても難しくて誰にでもできることではありません。サッカークラブなどで毎日練習して、ようやく少しずつできることです。そして、Jリーグなど卓越した競技者を目指す者にとって避けては通れない道です。

　しかしサッカーのルールを使いこなすことは、新しい技術を獲得したり洗練させたりすることに比べたら難しいことではありません。誰でも比較的容易に、ルールがつくられてきた過程と苦労を「追体験」することができます。自分自身が、ルールを発明した気分になれます。サッカーのルールを使いこなすことは、誰にでもできるサッカー文化の継承、発展につながると考えま

す。

『ある時代に生きる青年は、その時代までに人類が獲得した知的遺産を知ることができる。だが、それをほんとうに血肉化し、わがものにするためには、人類がそこに到達するまでの歴史的なプロセスとその苦労を自ら追体験しなければならない。もちろん、そのまま一人の個人が体験することはとうてい不可能であるから短縮された形態によって体験すればよい。そうすれば、そのことによって青年は自己および人類の教養をいっそう深め発展させることができる。』

（平野喜一郎「社会科学の生誕」 大月書店 1981年）

［人類がそこに到達するまでの歴史的なプロセスの追体験］

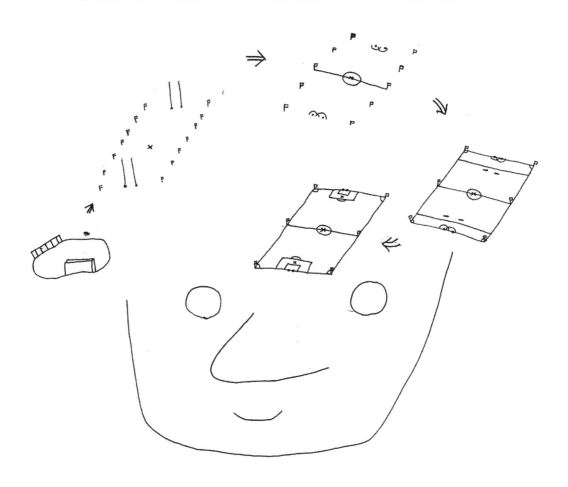

コラム15　ルールは、みんなを元気にする

ー昔のルールを使いこなして、ゲームを楽しもうー

　遊びや子ども会などで行うサッカーは「昔のルール」を使うと、サッカーにほとんど関心がない人もゲームに参加してみたいという元気が出ます。「昔のルール」ですからサッカーの本質は備えており、「これ、本当のサッカーじゃないよ」と心配する必要もありません。

（あ）スーパースターになれる、ゴールキーパー

　小学生は、ゴールキーパーになりたがりません。ゴールキーパーを誰にするかでいつも困ります。しかし、キーパーの手の使える範囲を①ゲーム場全面、②自陣内、③ペナルティーエリア内と、だんだん縮小していくルールにするとキーパーの人気が上昇し、誰もがキーパーになりたがるようになります。

　「ぼくは、あまりサッカーがとくいではないけれど、もしうまかったらキーパーをしたいです。人のキーパーを見ていると、ゴールにボールがとんできたとき、ボールにとびついているところを見ているとかっこいいなあと感心してしまいます。だから、もしぼくがサッカーがとくいだったらキーパーをしたいです。」（4年男子）

昔のルールが、これまでのキーパーのイメージに革命をもたらしたのです。

（い）浮き上がったボールが、怖い

　小学生、中でも女子は、浮き上がったボールを怖がる傾向にあります。「浮き上がったボールは、手ではたき落としてもよい」ルールにすると、気が楽になり元気になります。サッカーは、手を使わないスポーツという既成概念にとらわれていると、ゲームが楽しめません。だって、昔のおとなも手を使って浮き上がったボールを処理して良かったのです。手を使っても、不思議なことにサッカーの本質は少しも損なわれません。

（う）得点後の難しいルールがないサッカーゴール

　壁、柵などにボールを当てたら得点のサッカーゴールにすると、わかりやすく楽しいゲームになります。誰かがボールを投げ入れたら、最後まで中断なしにゲームできます。広場での遊びや、子ども会でのゲームには最適です。難しい本格的サッカーゴールは、使う必要がありません。「壁、柵サッカーゴール」ルールは、発展すれば本格的サッカーゴールに結びつきます。サッカー文化の一翼を担うルールです。

（え）ボールに群がるクラス対抗サッカーが、なぜ盛り上がるのか

おとなは、少ないゲーム人数の方がたくさんボールにさわれて楽しいと考えがちです。しかし、ゲーム人数は多い方が、不思議なことに楽しく元気が出るのです。
　「にんずうが少ないほうが、ふつうはかつやくできるはずなのに、私は多いほうがよくかつやくできる。」(4年女子)
　「みんなで、ドバッとおしかけられるから」(2年女子)
　多人数になるクラス対抗サッカー大会などは、ボールにほとんどさわられないのに盛り上がります。

【3】「サッカー・ルールの発見」こぼれ話

(Ⅰ)「物語の主題「歴史記憶」

　小学生にプログラムされた「サッカーの歴史記憶」と記憶から現出する「人類が過去に行ってきただろう行動の反復」は、この物語の主題です。この研究を始めた1980年前後は、「脳に記録された歴史記憶」「DNAに記録された進化の記憶」等の本や言葉はほとんどありませんでした。しばらくしてからNHKから「進化の記憶」に関連した映像が次々と放送されるようになりました。研究の方向に自信が持てた出来事でした。

(Ⅱ)「歴史記憶」の発達的特長

　「歴史記憶」が起動するのは、小学生だけでしょうか。中学生、高校生、大学生ではどうなのか興味があります。かつて多湖輝著「頭の体操」(1996年)という本がベストセラーになりました。小学生より年上の人たちは「歴史記憶」が起動するというより、「頭の体操」のようにルールの「使いこなし」が行われるのでしょうか。「歴史記憶」がどの年代まで起動するのかを確かめたい気持ちがあります。

(Ⅲ) サッカーが、マイナースポーツだった時代

　この研究を始めた頃は、サッカーはマイナースポーツでした。多くの人がサッカーのルールをあまり知りませんでした。サッカー・ゲームのイメージさえ持っていない児童がたくさんいました。そんな環境から、「先にボールを取った者が投げ入れる」(p15)、「ゴールキーパーは、スーパースター」(p68)、「はたき落とし作戦」(p64)、「クラス対抗サッカー大会」(p128)、「戦術を教えない実験試合」(p131)等々の実践が生まれました。

(Ⅳ) 昔のスーパースター

　コラムで紹介した世界のサッカー選手は、サッカー界の昔のスーパースターです。ルールの話題と同時に、若い人にはあまりなじみがないであろう世界の偉大な選手やエピソードを紹介しました。今は、インターネットで気軽にそのプレーを見ることができます。ビデオ等が普及していなかった昔は、日本サッカー協会がある渋谷区の岸記念体育館まで、16ミリフィルムに写されたペレ選手等のプレーを見に行きました。懐かしい思い出です。

(Ⅴ) プロ・サッカーと緑の芝生

　多くの人が実現不可能と感じていたJリーグが無事に創設（1993年）され、その結果プロ選手が誕生できました。そして、夢でしかなかった日本代表のワールドカップへの道を切り開いてくれました。個人的にプロ・サッカーを実感したのは、緑の芝生に覆われた素晴らしいピッチが現れたことでした。ワールドカップのテレビ中継に映し出されていた開催国の鮮やかな緑の芝生が、日本にも突然現れたのです。Jリーグ創設以前に日本で開催されていた「トヨタ・カップ」（トヨタ・ヨーロッパ・サウスアメリカ・カップ）で、茶色いピッチを見慣れていた者にとって印象的でした。

(Ⅵ) 「プロ魂」を教えてくれたジーコ選手

　1968年メキシコオリンピックでの日本チームの銅メダル獲得の快挙がありました。実はこの当時、プロ選手はオリンピックに参加が認められていませんでした。プロ選手が参加していたら、結果は大きく変わっていたといわれています。1972年札幌冬季オリンピックでは、お金に汚い「走る広告塔」と非難されたカール・シュランツ選手（オーストリア）がオリンピック参加を拒否された事件等もあり、一部の人々には「プロ選手」に対する偏見が残っていました。

　そういったプロ選手に対するイメージを変えてくれたのが、1991年住友金

属チーム（後の鹿島アントラーズ）に加入したジーコ選手でした。実際のプレーや練習態度、プロとしての生活の律し方など、身をもって示してくれました。世界のスーパースターの地位を確立し母国ブラジルの大臣まで務めた人が、アマチュアチーム住友金属に参加し、土のピッチでプレーしてくれたのです。この頃から微妙だったプロ選手の立場が変わり始め、今日あるようなスポーツ選手のお手本になっていったように思います。ジーコは日本で「サッカーの神様」ですが、「プロ選手の神様」でもありました。

(Ⅶ) プロ・サッカーと世界の多様な文化

　プロスポーツになったサッカーには多くの外国人選手が日本でプレーするようになり、その選手たちが多様な自国の文化を日本にもたらしてくれました。プロ・スポーツは野球しかない青春時代を過ごした世代には、驚くことが多くありました。手の親指を上に向けて示す「よい」の合図は、今日では当たり前の文化ですが、当時は南米からもたらされた新鮮な文化でした。

(Ⅷ) ワールドカップ初出場と中田英寿選手

　夢だったワールドカップ初出場を決めた「ジョホールバルの歓喜（1997年）」がありました。中田英寿選手のシュートのこぼれ球を押しこんだ野人岡野選手の決勝ゴール、あの場面は今でもはっきりと頭の中にイメージとして残っています。そのワールドカップ・フランス大会の活躍が認められて実現した中田英寿選手のイタリアセリエＡペルージャ移籍（1998年）は、日本人選手が世界に認められた誇りを感じました。さらにジダン（フランス代表）などスター選手をそろえたユベントス相手に、デビュー戦２得点の大活躍です。当時ほとんど知られていなかった日本から、中田英寿選手の才能を見つけ出す世界の「見抜くちから」の凄さを感じました。この試合を深夜にリアルタイムで見ることができ、歴史の目撃者となれたことは幸運でした。

(Ⅸ) 物語のような日本サッカーの発展

　東京オリンピック（1964年）の歴史的試合、日本対アルゼンチン戦に偶然に遭遇できた中学生は、子どもからおとなになっていくような日本サッカーの発展を、自分の人生の歩みと平行して見ることのできる得がたい経験ができました。

　またＪリーグができてからの短期間での急速な日本サッカーのレベルアップは、海外で驚きを持って評価されているようです。1960年代頃、サッカーに親しんでいる人たちは変わり者で少数派と見られがちでした。今日ではかっこいいスポーツの代表のように扱われています。戸惑うような変わり方です。

　この本でサッカー・ルールの理解が深まり、サッカーをよりいっそう楽しめるようになって頂ければ幸いです。

参考文献

(1) アルフレッド・ヴァール 「サッカーの歴史」 創元社 2002年
(2) 井尻正二　齋藤公子 「子どもの発達とヒトの進化」 築地書館 1980年
(3) 井尻正二 「井尻正二選集」 全10巻 大月書店 1982～83年
(4) 伊藤高広　永井潔 「芸術・スポーツと人間」 新日本出版社 1974年
(5) 杉田元宜 「工学的発想のすすめ」 大月書店 第2刷 1978年
(6) 多和健雄 「サッカーのコーチング」 大修館書店 4版 1978年
(7) 野口悠紀雄 「『超』勉強法」第12刷 講談社 1996年
(8) 日本蹴球協会審判部編 「サッカー・ルール・ハンドブック」 ベースボール・マガジン社 1970年
(9) 平野喜一郎 「社会科学の生誕―科学とヒューマニズム―」 大月書店 1981年
(10) 福田純 「サッカーゲームの発生―児童の知的発達の発生、分化、発展の一考察―」 1991年
(11) 福田純 「サッカーゲームの発生―児童の知的発達の発生、分化、発展の一考察―」 第43回体育学会 1992年
(12) 福田純 「サッカーにおけるルール意識の発育・発達的形成の研究」 第47回体育学会 1996年
(13) 福田純 「小学校サッカー教材『学習のめあて』の研究」 第49回体育学会 1998年
(14) 福田純 「ルールの認識過程の研究―児童期のサッカーにおける実践研究―」 体育科教育学研究 1999年
(15) 福田純 「ルールの認識過程の研究―小学校のサッカー指導を通して―」 第50回体育学会 1999年
(16) 福田純 「技術・戦術の認識過程の研究―児童期のサッカーゲームにおける実践研究―」 体育科教育学研究 2002年
(17) 福田純 「技術・戦術の認識過程の研究―児童期のサッカーゲームにおける実践研究―」 第53回体育学会 2002年
(18) 福田純 「ドリブル戦法期の練習形態の研究―児童期のサッカーゲームにおける実践研究―」 第54回体育学会 2003年
(19) 福田純 「児童のヘディング技術における発達的特徴の研究」 第59回体育学会 2008年
(20) 福田純 「児童のサッカーゴール認識過程における発達的特長の研究」 第60回体育学会 2009年
(21) 福田純 「サッカー・ルールの認識過程とその研究方法」 第64回体育学会 2013年
(22) 福田純 「サッカー・ルールの学習方法の研究」 第65回体育学会 2014年
(23) 正高信男 「0歳児がことばを獲得するとき―行動学からのアプローチ」 中央公論社 9版 1997年
(24) 武藤徹 「算数教育をひらく」 大月書店 1976年
(25) 吉井四郎 「バスケットボールのコーチング（基礎技術編）」 大修館書店 1977年
(26) 吉田洋一 「零の発見―数学の生い立ち―」 岩波書店 第49刷 1975年
(27) ロジャー・マクドナルド 「サッカーの歴史―グローバル・スポーツそのメモリアル・シーン」 ベースボール・マガジン社 1982年

著者紹介

福田　純（ふくだ　じゅん）

- 1951 年　東京都品川区に生まれる。
- 1964 年　東京オリンピックが開催される。
東京オリンピックのとき中学二年生で、先生に引率されて日本対アルゼンチン戦を観戦する。
人生初めてのサッカーとの出会いで、その楽しさに魅了される。
- 1971 年　東京学芸大学入学
- 1976 年　東京学芸大学大学院修了
- 1977 年　東京都公立小学校教諭として就職すると同時に地域のサッカー少年団を創設。授業と少年団、質の異なるサッカーを指導するという貴重な経験ができた。ことばで説明してもほとんど理解してもらえないなど、児童へのルールを含むスポーツ指導は、経験してみないと分からない難しさがある。また卓越や勝利を目指す「競技スポーツ」に比較して、スポーツをもっと気楽に楽しみたい人々や児童への指導方法が遅れていることも痛感してきた。「競技スポーツ」だけでない、豊かなスポーツへの理解が深められるように貢献したいと考えている。

サッカー・ルールの発見
〜ルールに隠された秘密を探る歴史と発見の旅〜

2018年7月15日　初版第一刷発行

著　者	福田　純
発行人	佐藤　裕介
編集人	遠藤　由子
発行所	株式会社 悠光堂
	〒104-0045 東京都中央区築地 6-4-5
	シティスクエア築地 1103
	電話：03-6264-0523　FAX：03-6264-0524
	http://youkoodoo.co.jp/
制作	株式会社 キャット
デザイン	株式会社 シーフォース
印刷・製本	明和印刷株式会社

無断複製複写を禁じます。定価はカバーに表示してあります。
乱丁本・落丁本は発売元にてお取替えいたします。

ISBN978-4-909348-02-9
©2018 Jun Fukuda, Printed in Japan